Fatales Nichtverstehen – Luther und der Bauernkrieg

Hans-Martin Gutmann

Fatales Nichtverstehen – Luther und der Bauernkrieg

Eine Spurensuche

Bibliografische Information
der Deutschen Nationalbibliothek

Die Deutsche Nationalbibliothek verzeichnet diese Publikation in der Deutschen Nationalbibliografie; detaillierte bibliografische Daten sind im Internet über http://dnb.d-nb.de abrufbar.

Umschlagbild: Ausschnitt: Titelblatt von Luthers Pamphlet gegen die rebellischen Bauern.
Wider die Mordischen vnd Räubischen Rotten der Bawren, Nürnberg 1525

Gesamtgestaltung: Rainer Kuhl

ISBN: 978-3-86893-451-9

E-Mail: post@ebverlag.de
Internet: www.ebverlag.de

Druck und Bindung: CPI, Birkach
Printed in Germany

Inhaltsverzeichnis

Zur Einführung

Der Beginn des deutschen Bauernkrieges jährt sich 2024 zum fünfhundertsten Mal. Martin Luther hat sich, bei aller Kritik an den Grundherren und ihrer rabiaten Interessendurchsetzung, zunehmend radikal von den aufständischen Bauern distanziert. Wie ist das zu verstehen? Ist der rebellische Reformator, dessen Aufbegehren gegen religiösen Ritualismus und päpstliche Macht das ganze Land angesteckt hat, binnen weniger Jahre zum »Fürstenknecht« geworden? Oder hat seine theologisch begründete Forderung nach »christlicher Freiheit« weit über die Grenzen der Kirchen hinaus die Verbreitung von Freiheits- und Gleichheitsaspirationen befördert? Kann Luther sogar als Anfänger einer demokratischen Bewegung in Deutschland angesprochen werden?

Das Zerwürfnis Martin Luthers und der Führung der reformatorischen Bewegung mit den Repräsentanten des »Gemeinen Mannes«, die sich bis zum Aufruf zum offenen Pogrom steigert, ist eine folgenreiche und insgesamt fatale Weichenstellung. Weit über den Tag hinaus hat sie zur Unfähigkeit des deutschen Protestantismus beigetragen, die Gründe für den inneren und zunehmend auch äußeren Bruch eines Großteils der Bevölkerung mit der *Kirche der christlichen Freiheit* im Tiefsten zu verstehen. Heute steigert sich dieser Auszug aus der christlichen Religion insgesamt in unserem Lande und in Westeuropa zu dramatischen Dimensionen, die ein Weiterleben der institutionalisierten christlichen Kirchen insgesamt in Frage stellen.

Viel ist über das Thema »Luther und der Bauernkrieg« nachgedacht und geschrieben worden. In diesem Essay wird versucht zu verstehen, warum sich Luther und die Bauern nicht verstehen *konnten* – beim besten Willen nicht und deshalb fataler Weise.

Trotzdem. Gerade in diesen Tagen der umfassenden Krise der kirchlichen Institutionen kann daraus gelernt werden.

Hamburg, im Sommer 2023

Was heißt »christliche Freiheit«?

Gegenüber dem dritten Artikel der »Grundlichen Vnd rechten haupt Artickl aller Baurschafft vnd Hyndersassen der Gaistlichen vnd Weltlichen oberkayt von wölchen sy sich beschwert vermainen«, bekannt geworden als die »zwölf Artikel« der aufständischen Bauern aus dem Jahr 1525, erklärt Martin Luther seinen unübersteigbaren Dissens.[1] In diesem dritten Artikel fordern die Bauern – im Gegensatz zu den meisten übrigen Artikeln hier in apodiktischer Formulierung – eine Aufhebung der Leibeigenschaft: »Es sollen keine Leibeigenen sein, weil uns Christus hat alle befreit.« Luther erklärt dazu: »Das heysst Christliche freyheyt gantz fleyschlich machen ... Darum ist dieser Artikel stracks widder das Euangelion und reuberisch, da mit ein iglicher seynen leyb, so eygen geworden ist, seynem herren nympt. Denn eyn leybeygener kan wol Christen seyn und Christliche freyheyt haben ...«[2]

Es herrscht Uneinigkeit zwischen Luther und den Bauern darüber, was das heißt: die Freiheit eines Christenmenschen. Das ist keine allein theoretische Meinungsverschiedenheit. Es geht um Leben oder Tod, Frieden oder Krieg. Für die Bauern gehört zur Freiheit eines Christenmenschen auch Gerechtigkeit im weltlich-sozialen Leben.[3] Sie fordern: freie Pfarrer-

1 Günther Franz, Quellen zur Geschichte des deutschen Bauernkrieges, Darmstadt 1963, 174ff.

2 WA 18, 326.

3 Bereits im Juni 1524 wird in Süddeutschland, in der Landgrafschaft Stühlingen, in Reaktion auf die Bedrückung durch die Herren von Bauern ein »Fähnlein« aufgeworfen, also ein kriegerischer Haufen. Der charismatisch begabte Landsknecht Hans

wahl. Milderung der Abgaben. Aufhebung der Leibeigenschaft. Freiheit der Jagd und Fischerei. Nutzung der Forsten durch die gesamte Gemeinde. Erleichterung der Frondienste und Steuern. Abschaffung willkürlicher Gerichtsausübung durch die Herren. Wiederherstellung der Weiderechte und Beseitigung des Todfalls.[4] Die Bauern berufen sich in ihren Forderungen auf das »göttliche Recht«. Bibelstellen am Rande des Textes legitimieren die einzelnen Forderungen als im Worte Gottes begründet. In der Einleitung wird der evange-

Müller von Bulgenbach wird zum Hauptmann gewählt. Eine Klageschrift mit 62 Artikeln wird beim Reichskammergericht eingereicht. Gegen die Härte der Leibeigenschaft, gegen die Unbilligkeit zu hoher Steuern, gegen die Missstände in der Rechtspflege. »Die Schrift schließt mit der Empfehlung der stolzen Bauern an die Reichskammerrichter, sie sollten in ihrem Urteil ›erwegen die gottliche, naturliche Pillickeit, Vernunft und Verstand.« Peter Bickle, Der Bauernkrieg. Die Revolution des Gemeinen Mannes. München, fünfte Auflage 2018, 14.

4 Als »Todfall« bezeichnet wird eine Abgabe im Rahmen der Leibeigenschaft, die im Falle des Todes eines Leibeigenen seinem Herren dessen Arbeitskraft ersetzen soll, wodurch oft die ökonomische Existenzgrundlage der hinterbliebenen Familie infrage gestellt wurde. David von Mayenburg schlägt vor, den Konflikt zwischen Luther und den Bauern nicht zuerst als politischen Konflikt zu interpretieren, die »Zwölf Artikel« der Bauern auch nicht als Ausdruck einer religiösen Utopie. Vielmehr soll die Rolle des Rechts im Bauernkrieg stärker ins Zentrum der Analyse gerückt werden. Lässt sich der Konflikt als Auseinandersetzung über Rechtspositionen verstehen? Vgl. David von Mayenburg, Gemeiner Mann und gemeines Recht. Die Zwölf Artikel und das Recht des ländlichen Raums im Zeitalter des Bauernkrieges. Frankfurt a.M. 2018.
In dem hier vorgelegten Beitrag wird ein anderer Weg jenseits einer vor allem politischen oder juristischen Interpretation gewählt.

lische Charakter der Bauernbewegung verteidigt. »*Göttliches Recht* fordern hieß, das geltende Recht auf seine Verträglichkeit mit der Heiligen Schrift zu überprüfen … Das Recht und die Gerechtigkeit … mußten an der Natur der göttlichen Schöpfungsordnung und der christlichen Nächstenliebe ausgerichtet werden. Altes Testament und Neues Testament lieferten dafür den Bezugsrahmen.«[5]

Am Schluss erklären die Bauern ihre Bereitschaft, sich durch das Evangelium zurechtweisen zu lassen. Luther ist einer der Kronzeugen, auf die sich die Bauern berufen. Deshalb fühlt er sich zur Stellungnahme herausgefordert.

Zwei Wochen später – Luther hatte seine »Ermahnung zum Frieden …« im Anschluss an eine Reise mit Melanchthon von Wittenberg nach Eisleben vom 16. bis 20. April 1525 begonnen – sieht Luther sich veranlasst, die »Ermahnung« neu zu publizieren, und zwar unter Hinzufügung eines Abschnitts »Wider die stürmenden Bauern«. Auf der Reise durch Thüringen hat Luther näheren Kontakt mit kämpfenden Bauernhaufen bekommen, auch von Ausschreitungen gehört. In unverhohlener Schärfe greift er jetzt die Bauern an.[6] Aufruhr ist für Luther die schlimmste Sünde, schlimmer als Mord. »Denn Aufruhr ist nicht ein gewöhnlicher Mord. Sondern wie ein großes Feuer, das ein Land anzündet und verwüstet, so zieht ein Aufruhr nach sich ein Land voll Mord, Blutvergießen und macht Witwen und Waisen und zerstört alles wie das allergrößte Unglück. Darum soll hier zerschmeißen, würgen und stechen heimlich oder öffentlich, wer da kann, und daran denken, daß nichts Giftigeres,

5 Peter Blickle, Bauernkrieg, a.a.O., 87.
6 WA 18, 357ff.

Schädlicheres, Teuflischeres sein kann als ein aufrührerischer Mensch. Wie wenn man einen tollwütigen Hund totschlagen muss: Schlägst du nicht, so schlägt er dich und das ganze Land mit dir.«[7]

Die Kommunikation ist zusammengebrochen. Es geht nicht mehr allein um ein Unverstehen, ein Missverständnis oder eine Meinungsverschiedenheit darüber, was christliche Freiheit heißen soll. Das Unverstehen hat sich radikalisiert zur Forderung nach der psychischen Auslöschung des Gegenübers.

Dennoch: der eigentliche Bruch zwischen Reformation und Bauernbewegung zeigt sich nicht erst in dem rabiaten Ausbruch Luthers, sondern bereits in der »Ermahnung zum Frieden …«, und zwar genau an der Frage: Was bedeutet christliche Freiheit? Ist die Freiheit eines Christenmenschen mit äußerlich-leiblicher Unfreiheit und mit Ungerechtigkeit vereinbar? Oder macht ökonomische, politische und rechtliche Unfreiheit auch die christliche Freiheit zunichte? Die Bauern sind eindeutig dieser Ansicht. »An diesem Punkt kommt es zum Bruch zwischen Reformation und Bauernbewegung. Luther erhebt den Vorwurf, dass damit christliche Freiheit fleischlich gemacht wird. Aus dem geistlichen Reich Christi soll ein weltliches äußerliches Reich gemacht werden. Hier gibt es als Antwort nur ein radikales Nein.«[8]

---

7 WA 18, 358.

8 Hans-Walter Krumwiede, Glaubenszuversicht und Weltgestaltung bei Martin Luther. Mit einem Ausblick auf Dietrich Bonhoeffer. Göttingen 1983, 144. Vgl. auch: Volker Leppin, »Fleischliche Freiheit«. Luther und die Bauern. In: Ders., Reformatorische Gestaltungen. Theologie und Kirchenpolitik in Spätmittelalter und früher Neuzeit. Leipzig 2006, 110–126.

Ökonomische, soziale und politische Hintergründe

Bauernrevolten sind zwischen dem 15. und dem 18. Jahrhundert kein auf den deutschen Raum begrenztes Ereignis. Sie sind ein gesamteuropäisches Phänomen, wenn auch in unterschiedlicher Intensität, mit verschiedenen Kampfformen und einem unterschiedlichen Grad am Verrechtlichung der Auseinandersetzung. In allen europäischen Staaten stellen Bauern den überwiegenden Teil der Bevölkerung. Sie sind mit ihrer Produktion das Rückgrat der europäischen Volkswirtschaften. Die bäuerliche Produktion ist zugleich Grundlage des sozialen Systems. Die Bauern finanzieren durch ihre Abgaben große Teile der grundherrlichen und staatlichen Budgets. Alle europäischen Staaten stehen im genannten Zeitraum in unterschiedlichem Maße in einem Übergang von der feudalen und subsistenzwirtschaftlichen zu einer kapitalistisch-marktwirtschaftlichen Ökonomie. In dieser Situation kommt es zu massiven Interessenkonflikten zwischen autonomen adligen Grundherrschaften, Bauern und zentralisierenden Monarchien beziehungsweise Fürstentümern. Angesichts einer sich durchsetzenden Geldwirtschaft und einer bei demographischer Aufwärtsentwicklung günstigen Agrarkonjunktur versuchen die Grundherren, die bäuerlichen Abgabe- und Dienstverpflichtungen möglichst intensiv zu nutzen. Die Bauern wollen demgegenüber individuelle und kollektive Besitz-und Nutzungsrechte an Land, natürlicher Umwelt, Arbeitsmittel und Arbeitsprodukten möglichst weitgehend verteidigen. Die zentralen Monarchien und territorialen Staaten wollen eine möglichst steuerfähige

Bevölkerung und zugleich konkurrierende Machtinstanzen adlig-feudaler und dörflich-gemeinwirtschaftlicher Art nach Möglichkeit brechen.

Der Große Deutsche Bauernkrieg 1524 bis 1526 gewinnt seine Dynamik auf dem Hintergrund eines lang andauernden landwirtschaftlichen Konjunkturzyklus. Während bis etwa 1450 die Landbevölkerung zurückgeht und die landwirtschaftliche Produktion stagniert, während in dieser Zeit wegen Arbeitskräftemangels die Zugriffsmöglichkeit der Feudalherren abnimmt und die bäuerlichen Unterschichten durch das reichlich zur Verfügung stehende Brachland ökonomisch relativ abgesichert sind, kommt es mit dem konjunkturellen Aufschwung ab 1450 zu einer gegenläufigen Entwicklung. Mit der Zunahme der Bevölkerung steigt das Arbeitskräfteangebot. Die Getreidepreise steigen. Der Zugriff von Adligen und reichen Bauern auf das Brachland und die Allmende nimmt an Intensität zu.

Insgesamt geht der Prozess in die Richtung einer zunehmenden sozialen Polarisierung innerhalb des Dorfes. Seit dem Ausgang des Mittelalters kann von einer einheitlichen Bauernschaft nicht mehr gesprochen werden. Die »unterbäuerlichen Schichten« vermehren sich und lassen oft die Vollbauern zur Minderheit im Dorf werden.

Trotz der Interessenunterschiede zwischen dörflicher Oberschicht und bäuerlichen Unterschichten kann aber nicht davon gesprochen werden, dass es sich bei den Bauernaufständen 1524 bis 1526 um einen Klassenkampf zwischen diesen Gruppierungen gehandelt habe. Nicht nur die *Dorfarmut*, sondern auch die *Dorfehrbarkeit* hat die Träger der Aufstände gestellt. »Soweit weiträumige Untersuchungen über die Beteiligung am Aufstand vorliegen, zeigen sie, dass jeder (bäuerliche, HMG) Hof mit einem Mann in den *Haufen* (den bewaffneten Aufstandsgruppen, HMG) vertreten war, was nicht ausschließt, dass da und dort ein Dorf ruhig blieb. Der Bauernkrieg war keine Rebellion der Jungen, sondern eine solche der Familienväter, kein Aufstand der Reichen und der Ehrbarkeit, sondern ein solcher des Gemeinen Mannes. Alle sozialen Gruppen des Dorfes sind in einem numerisch entsprechenden Verhältnis beteiligt.«[9]

Der Interessenkonflikt zwischen dörflichen Oberschichten und Unterschichten wird überlagert von einer zweiten Konfliktebene. Das Dorf als »fundamentale Einheit bäuerlicher Gesellschaft« wird von allen seinen Bewohnern gegen solche Entwicklungen verteidigt, die seine Existenzmöglichkeit zu zerstören drohen.[10] »Diese Identifikation zwischen dem einzelnen Bauern und seinem Dorf rührt von der bäuerlichen Subsistenzwirtschaft her. Das Dorf ist das Ensemble bäuerlicher Haushalte, von denen jeder bis zu einem gewissen Grade autonom ist, die aber zu politischen, kulturellen und ökonomischen Zwecken zusammenwirken.«[11] Die dörfliche Gemeinsamkeit überdeckt die Interessengegensätze im Dorf, wird aber zugleich durch diese funktionalisiert: Sabean hält die »Zwölf Artikel« für den Ausdruck der Bestrebungen einer dörflichen Oberschicht, die Verantwortung für die Armenfürsorge, die Aufsicht über das Gemeindeland, die Justiz und

9 Peter Blickle, Bauernkrieg, a.a.O., 43.

10 David Warren Sabean, Die Dorfgemeinde als Basis der Bauernaufstände bis zum Beginn des 19. Jahrhunderts. Comparative Politics 1976, 355ff. zum Begriff einer »moral economy« siehe auch die Arbeiten von Edward Palmer Thompson, Plebejische Kultur und moralische Ökonomie …, Frankfurt a.M. u.a. 1980.

11 David Warren Sabean, ebenda.

die Ernennung des Pfarrers in eine, und zwar in die eigene Hand zu bringen. Die Vermittlung zur Außenwelt des Dorfes in Kontakt und Konflikt übernehmen fast immer die Randfiguren des Dorfes: der Schmied, der Wirt, der Pfarrer. Wegen ihrer Beziehungen und Qualifikationen werden zumeist sie und nicht Bauern zur Anführern der Aufstände gewählt.

Die Gemeinschaft des Dorfes als reale ebenso wie als ideologische Größe wird spätestens seit 1450 durch verschiedene Entwicklungen unterhöhlt und in ihrer Existenz bedroht. Die Ausweitung der Geldökonomie führt dazu, dass die Grundherren ökonomisch unter Druck geraten und versuchen, über eine Erhöhung der feudalen Lasten und Auflagen ihre ökonomische Position zu halten. Außerdem dringt das Geld selbst als Mittel von Herrschaft in die landwirtschaftliche Produktion ein. Die Herren suchen immer öfter, die Geldrente und nicht Naturalabgaben in der Abgabeverpflichtung ihrer Untertanen durchzusetzen und einen Teil des Geldes zu nutzen, Lohnarbeiter zu beschäftigen. Damit werden die Arbeitenden insgesamt diszipliniert, weil die bäuerliche Bevölkerung in der Gefahr steht, zu Lohnarbeitern degradiert zu werden. Die äußere Kontrolle kann bei der Fronarbeit nie lückenlos sein Dagegen schafft die Umstellung von der Natural- auf die Geldrente eine neue, effizientere Kontrollmöglichkeit. Sie verlegt die Kontrolle des Handelns ins Innere der Arbeitenden, macht die Erbringung von Arbeitsleistung zu einem Problem von Selbstkontrolle. Die Überlebensmöglichkeit der landwirtschaftlichen Lohnarbeiter hängt vom eigenen Antrieb zur Arbeit ab, nicht mehr von der Bereitschaft, sich nur äußerem Druck zu beugen. Die Geldökonomie bewirkt eine zunehmende Konkurrenz der Arbeitenden untereinander und zerstört tendenziell – neben anderen Entwicklungen – die Gemeinschaft des Dorfes.

Zugleich werden die dörflichen Gemeinschaften mit einer radikalen Veränderung des Rechts konfrontiert, die mit der Ausweitung der Geldökonomie Hand in Hand geht. Das »Römische Recht« tritt an die Stelle des überkommenen »Germanischen Rechts«. Dadurch werden eine Reihe von hergebrachten bäuerlichen Nutzungsrechten an Naturressourcen wie beispielsweise die Institution der Allmende bedroht, von der vor allem die ländlichen Unterschichten ökonomisch abhängen.

Landesherren, Grund-, Gerichts- und Leibherren setzen sich um finanzieller und politischer Vorteile willen über örtliche Gewohnheiten hinweg. Sie sind beständig bestrebt, Besitztitel und Steuern zu verändern, neue Formen des Arbeitszwangs auf die Bauern auszudehnen, die Nutzungsmöglichkeiten von Wäldern und Flüssen einzuschränken und das Römische Recht in Verwaltung und Rechtsprechung einzuführen. Landesherrschaft und Grundbesitz werden zunehmend rationalisiert und zentralisiert. Die Kontrolle über die Bauern wird gleichförmiger und schärfer.

All diese Neuerungen werden den Bauern und den dörflichen Gemeinschaften in einer Situation auferlegt, in der die Normen, nach denen sie selbst beherrscht werden wollen, flexibler und empfindlicher werden. Die Vorstellung eines »Göttlichen Rechts« verändert und ersetzt die Vorstellung vom »Alten Recht«. Die Unterscheidung zwischen altem und göttlichem Recht ist nicht leicht operationalisierbar. Das alte Recht ist prinzipiell konkreter, partikularer und stabiler. Bewegungen, die sich am alten Recht orientieren, sind anonym und spontan. Demgegenüber ist das göttliche Recht eher einer Generalisierung zugänglich und flexibler. Bewegungen, die sich am göttlichen Recht orientieren, tragen den Charakter von Verschwörungen mit eindeutig identifizierbaren Führern. Inhaltlich besteht ein signifikanter Unterschied darin, dass mit Hinweis auf das göttliche Recht die Aufhebung der Leibeigenschaft begründet wird.[12] Die Bedeutung des göttlichen Rechtes muss vor allem in seiner Funktion gesehen werden, eine ideologische Basis für die Vereinheitlichung der verschiedenen Bauernhaufen zur Verfügung zu stellen. Mit der Formel des göttlichen Rechtes gelingt es nicht nur, verschiedene regionale Rechtsauffassungen zu einer gemeinsamen Kampfparole zu verbinden. Vielmehr soll auch ein Anschluss an die evangelische, an die reformatorische Bewegung ermöglicht werden.

Der Forderung nach Aufhebung der Leibeigenschaft kommt in den »Zwölf Artikeln« und anderen Forderungskatalogen der aufständischen Bauern eine zentrale Bedeutung zu, aber nicht nur hier wurde darum gestritten. »Kein Herrschaftsrecht stand um 1500 unter einem dermaßen großen Legitimationsdruck wie das über den *Leib*, Leibeigenschaft genannt. Ihre Umkehrung hieß Freiheit. Auf allen gesellschaftlichen Ebenen, unter Bürgern und Bauern, Juristen und Theologen wurde sie diskutiert, auf allen gesellschaftlichen Ebenen wurde sie verhandelt, von der Dorfgemein-

12 Wolfgang Beutin macht darauf aufmerksam, dass mit der Forderung, die Leibeigenschaft abzuschaffen, das ökonomischen Fundament des Fundamentalismus infrage gestellt wird. Wolfgang Beutin, Der radikale Doktor Martin Luther. Ein Streit- und Lesebuch. Frankfurt a.M. 2016, 123.

deversammlung bis hinauf in das erlauchtesten ständische Gremium der Zeit, den Reichstag.«[13]

Genau am Verständnis von Freiheit, genau an diesem Punkt, dem Leib, kommt es zum radikalen Bruch zwischen Luther und den aufständischen Bauern. Was geschieht hier? Was sind die Bedingungen dieses Nichtverstehens, was sind seine Hintergründe? *Meine Hypothese ist: Nicht nur theologische, nicht nur rechtliche und politische, nicht nur soziale Bedingungen stehen im Zentrum dieses Nichtverstehens. Es geht nicht zuerst um unterschiedliche theologische, juristische, überhaupt nicht um intellektuelle Differenzen. Es geht nicht vor allem um unterschiedliche Interessen.*

Meine Hypothese ist: Im Hintergrund des radikalen Nichtverstehens über das, was Freiheit ist, steht vor allem auch eine kulturelle Differenz. Im Hintergrund steht ein zunehmend radikalerer Bruch in der Weise zu leben. Und hier ist, zum besseren Verständnis, zunächst ein Blick auf die Weise zu leben nötig, die in den Dörfern und städtischen Unterschichten des fraglichen Zeitraumes vorherrscht: Auf die *Volkskultur* des Spätmittelalters und der frühen Neuzeit.

13 Peter Blickle, Bauernkrieg, a.a.O., 55.

Kulturelle Hintergründe: Die frühneuzeitliche Volkskultur – eine andere Weise zu leben

Der englische Historiker Peter Burke hat ein umfassendes Werk über die europäische Volkskultur in der frühen Neuzeit geschrieben.[14] Er macht deutlich, dass der Zugang zur Kultur der einfachen Leute schwierig ist: Allein deshalb, weil es sich um eine *mündliche Kultur* handelt, die also gerade das kaum hinterlassen hat, was gemeinhin eine wichtige Basis der historischen Rekonstruktion ist, nämlich schriftliche Quellen.

Der Zugang zur populären Kultur der frühen Neuzeit ist aber auch aus einem weiteren Grunde problematisch. Denn die Entdeckung der Kultur des Volkes durch die Gebildeten findet in Deutschland genau in einer Zeit statt, als die traditionelle Volkskultur zu verschwinden beginnt, nämlich im späten 18. und frühen 19. Jahrhundert Die Entdeckung der Volkskultur in dieser Zeit sagt bisweilen mehr über die Lebenssituation, über die Träume und Versagungen der Entdecker als über die Volkskultur selbst.[15] Die Begriffe »Volkslied«, »Volksmärchen«, »Volksbuch« sind in diesem Zeitraum, im ausgehenden 18. und frühen 19. Jahrhundert erfunden worden, in einer Zeit, in der die Industrialisierung weiter Landstriche beginnt und traditionelle Lebenszusammenhänge auflöst. Johann Gottfried Herder, Joseph Görres, die Brüder Grimm sind bekannte Gestalten, die die bislang mündlich

---

14 Peter Burke, Helden, Schurken und Narren. Europäische Volkskultur in der frühen Neuzeit. Stuttgart u.a. 1981. Vgl. in diesem Zusammenhang auch: Jacob Burckhardt, Die Kultur der Renaissance in Italien. Stuttgart 1860.

15 Peter Burke, a.a.O., 17.

tradierten Lieder und Märchen sammeln und veröffentlichen. Die Brüder Grimm vertreten die Vorstellung, dass die Volksdichtungen und Volksieder kollektive Leistungen seien: »Das Volk dichtet«. Die Volksdichtung gilt als Naturpoesie. Die Vorstellung herrscht vor, dass die Gedichte, Lieder und Märchen nicht gemacht wurden, sondern einfach wuchsen wie Bäume. In solchen Vorstellungen zeigen sich *Sehnsüchte nach dem Natürlichen, nach dem Anderen gegenüber der Ordnung*, bisweilen auch politische Sehnsüchte, das Naturgebundene des eigenen Volkes gegenüber der Überfremdung von außen, in jener Zeit: gegenüber dem europäischen Siegesfeldzug der napoleonischen Armeen zu bewahren.[16]

An verschiedenen Orten interessieren sich Gebildete für die Kultur des einfachen Volkes, und zwar präzise in der historischen Situation, in der die Vernichtung der Volkskultur in Europa ein unumkehrbarer Tatbestand wird. Das gleiche Phänomen ereignet sich parallel oder um einige Jahrzehnte versetzt in der eifrigen Sammlertätigkeit von Volkskundlern, die gemeinsam mit Missionaren und Kaufleute die gerade »entdeckten« Gebiete Afrikas bereisen und die Lebensweise von Völkern und Kulturen aufzeichnen, die zugleich durch Kolonisation und Mission zerstört werden. Bestimmend ist die Sehnsucht nach dem Anderen gegenüber der Ordnung, die den Blick derer leiten und eben auch verstellen kann, die sich mit der populären Kultur beschäftigen. Dennoch sind Informationen zugänglich, die einen Blick auf Umrisse dieser

16 Das Interesse an der Kultur des Volkes ist in dieser Zeit nicht nur ein deutsches, sondern ein gesamteuropäisches, vornehmlich nordeuropäisches Phänomen.

mündlichen Volkskultur des Spätmittelalters und der frühen Neuzeit erlauben.[17]

17 Peter Burke nennt dennoch einige Zugangswege zur Rekonstruktion der Volkskultur des Spätmittelalters und der frühen Neuzeit:
- Zeugnisse von Reisenden, die in die jeweiligen volkskulturellen Gebräuche nicht eingebunden sind und sie als etwas Besonderes, Fremdes, Unvertrautes beschreiben.
- Manche populäre Aktivitäten sind belegt, weil staatliche oder kirchliche Autoritäten versuchten, sie zu unterbinden. Der größte Teil dessen, was wir von Aufständen, Ketzereien und Hexenzauber der Zeit wissen, wurde aufgezeichnet, weil die Rebellen, Ketzer und Hexer vor Gericht gestellt und verhört wurden.
- Werke volkstümlicher Schauspieler, Dichter oder Prediger, die noch zu Lebzeiten oder kurz nach dem Tod der Autoren veröffentlicht wurden. In Fällen von solchen Texten (z.B. Predigten von Bettelmönchen, in denen zahlreiche Hinweise auf die Lebensweise und die Vorstellungen des Volkes zu finden sind); oder Späße von Narren. Hier ist der Zugang deshalb schwierig, weil es sich um Darbietungen, um Inszenierungen gehandelt hat, in denen die Darbietungsform – die Gesten, das Mienenspiel, die Interaktion mit dem Publikum – für die Darbietung wahrscheinlich ebenso charakteristisch war wie der festgehaltene Text.
- Ein weiterer Zugang sind Werke von großen Schriftstellern wie Francois Villon oder Francois Rabelais. Solche Menschen sind Vermittlergestalten zwischen der gebildeten Kultur und der Volkskultur.
- Die Predigten von Mönchen der Bettelorden könne als Zugangsweg zur Volkskultur kaum überschätzt werden, weil diese Menschen die Lebensform des Volkes teilten. »Die Mönche waren weder Fisch noch Fleisch, bikulturell, Männer der Universität und Männer des Marktes.« Ebenda, 82.
Zu zeitgenössischen Tradenten der populären Kultur gehören Balladensänger und Bärenführer, Spaßmacher, Clowns, Scharlatane und Komödianten, Zauberkünstler und Gaukler, Wanderschauspieler, Puppenspieler, Quacksalber, Seiltänzer und Akrobaten. Insbesondere die Verbindung zwischen medizinischen Fähigkeiten und Fähigkeiten im Tradieren der mündli-

Die wichtigsten Schauplätze der populären Kultur bis in die frühe Neuzeit hinein sind die Kirche, die Schenke und der Markplatz. Die Kirchen werden, gegen den Protest der römischen, später auch der protestantischen Geistlichkeit, oft

---

chen Kultur gehen häufig zusammen. Auf dem Lande sind es vor allem Berufsgruppen am Rande der dörflichen Kultur: Die Hirten, die Schäfer, die Schmiede, die Bergleute. In den Städten gibt es auch solche Randgestalten: Die Spielleute, die Gaukler, die Bettler, Scharfrichter und Totengräber, sogenannte »unehrliche« Berufe, denen der Zugang zu den Zünften versperrt war; aber auch die Zünfte und religiösen Bruderschaften selbst sind Träger der städtischen Volkskultur, insofern sie die zahlreichen Heiligenfeste und Stadtfeste ausrichten – und Feste sind zentrale Begehungen der städtischen Volkskultur. In den Städten gibt es Zünfte, die in besonderem Maße als Tradenten der Volkskultur anzusprechen sind: Die Schuster beispielsweise und die Weber. Schuster finden sich nicht nur in der Vorhut der populären Kultur, sondern auch in der Vorhut politischer Bewegungen. Auch Steinmetze und Maurer spielen eine große Rolle; sie wandern nicht nur während der Gesellenzeit über Land, sondern ziehen von Baustelle zu Baustelle. Ähnlich wie die Hirten und Schäfer auf dem Lande sind sie eine bewegliche Gruppe, die allein von ihrer Lebensform her die Verbreitung von Nachrichten, Geschichten, Liedern der populären Kultur besorgen. Noch ein Wort zu den populären Heilern und Wahrsagern, Männer und Frauen, die in dieser Zeit in ganz Europa auftreten, oft von Ort zu Ort ziehen. Sie behandeln ihre Patienten mit Kräutern, oder, wie in Spanien, mit Brot, das im Munde des Heilers mit Speichel benetzt wurde, nicht zuletzt mit einer Vielfalt von Zaubersprüchen, Gebeten und Heilbräuchen, in denen oft Kerzen und sogar geweihte Hostien eine Rolle spielten. Die »weise Frau« war oft eine Hebamme, die den Frauen bei den Geburtswehen half; der »kluge Mann« konnte nebenbei alle möglichen Berufe haben. In Norditalien beispielsweise werden Heiler erwähnt, die Bauern, Priester, Schäfer, Maurer oder Weber waren; in Schweden Geistliche, Schmiede und Musiker, drei Berufszweige, die traditionell mit magischen Kräften in Verbindung gebracht wurden.

zu sehr weltlichen Manifestationen genutzt. Auf dem Kirchhof feiern und tanzen während des Karnevals der »Herr der Misswirtschaft« und seine Narren. Am Vorabend des Patronatsfestes herrscht an manchen Orten die Gewohnheit, dass die Gemeinde die Nacht in der Kirche verbringt, isst, trinkt, singt und tanzt. Dass die Kirche gerade in den Dörfern für solche Begehungen genutzt wird, hängt nicht zuletzt damit zusammen, dass in der behandelten Epoche die populäre Haltung gegenüber dem Sakralen intimer und vertraulicher war als heutzutage, aber auch damit, dass es besonders auf dem Lande, in den weit voneinander abgelegenen Dörfern, wenig andere Orte gibt, wo Menschen sich versammeln können. Wichtige Zentren der populären Kultur sind auf den Dörfern wie in den Städten außerdem das Gasthaus, die Schenke, das Bierhaus oder die Bierkeller. Gasthäuser sind Orte der Darbietungen von Gauklern, hier werden Feste abgehalten. Die Gastwirte sind nicht nur Organisatoren der Feste, sondern bisweilen auch der politischen Aufstände. Im Großen Deutschen Bauernkrieg 1525 spielten Gastwirte eine erhebliche Rolle.

Im südlichen Europa ist dagegen nicht die Schenke, sondern der Marktplatz, die Piazza, der zentrale Ort für die Manifestationen der Volkskultur. Hier finden die Theateraufführungen, die Stierkämpfe, die Rennen und Turniere statt, hier kann man den Balladensängern lauschen. Die Manifestationen der Volkskultur verbinden sich mit anderen Großereignissen, die auf dem Marktplatz stattfinden – Hinrichtungen, Schaf- und Pferdemärkten, Heiligen- und Stadtfesten.

In der Zeit von Reformation und Gegenreformation, also im 16. Jahrhundert tritt ein tiefer Einschnitt in die Lebensformen der populären Kultur ein. Peter Burke vertritt die These, im Mittelalter sei bis ins 16.Jahrhundert hinein ein enger Austausch zwischen der nichtschriftlichen Volkskultur und der schriftlichen, gebildeten Hochkultur die Regel gewesen. Dagegen kommt es seit der Zeit von Reformation und Gegenreformation zum Bruch zwischen Hochkultur und Volkskultur und zur Domestizierung und tendenziellen Vernichtung der Volkskultur.

Über die Lebensformen der Volkskultur geben nicht zuletzt Texte Aufschluss, die im Prozess und im Interesse ihrer Vernichtung entstanden sind – beispielsweise Protokolle von Inquisitionsprozessen oder von Gerichtsverhandlungen gegen »Hexerinnen« und »Hexer«. Ebenso wie Peter Burke, so meint auch der italienische Historiker Carlo Ginzburg[18], dass bis zur Zeit von Reformation und Gegenreformation ein intensiver Austausch zwischen Hochkultur und Volkskultur stattgefunden habe.[19] Dieser intensive Austausch bricht im Prozess von Reformation und Gegenreformation zusammen.

18 Carlo Ginzburg, Der Käse und die Würmer. Die Welt eines Müllers um 1600. Torino 1976, Frankfurt/M. 1979.

19 Die Feste der Volkskultur waren auch die der oberen Stände. Zumindest in den Städten nehmen Arme und Reiche, Adel und gemeines Volk an den gleichen Gottesdiensten teil und hören die gleiche Predigt. Narren sind als Protagonisten der Volkskultur an den Höfen ebenso beliebt wie in den Schänken, und oft treten an beiden Stätten die gleichen Narren auf. Die Angehörigen der ländlichen und städtischen Unterschichten haben die Bauwerke, Bilder und Skulpturen als Manifestationen der gebildeten Kultur gesehen und auf ihre Weise interpretiert, haben, wenn sie dazu in der Lage waren, auch einige Bücher oder eigens für sie produzierte Traktatheftchen gelesen. Umgekehrt haben Angehörige

Peter Burke schlägt eine Differenzierung vor: »Es gab in Europa zu Beginn der Neuzeit zwei kulturelle Überlieferungen, aber sie stimmten nicht einfach mit den beiden wichtigsten sozialen Gruppen, der Oberschicht und dem einfachen Volk überein. Die Elite nahm an der niederen Kultur teil, während das einfache Volk an der Hochkultur keinen Anteil hatte ...«

Ganz so eindeutig ist die Sache allerdings nicht. Wir finden Hinweise darauf, dass Angehörige der Volkskultur die Liturgien und Theologien, die sie auf ihre Weise mitbekommen haben, auf verändernde Weise »gelesen«, also in die Selbstverständlichkeiten ihrer Lebenswelt verändernd übersetzt haben.

Peter Burke und Carlo Ginzburg können übereinstimmend zeigen, dass der intensive Austausch zwischen Hochkultur und Volkskultur im 16. Jahrhundert ein Ende gefunden hat: *zu einem Zeitpunkt nämlich, als der reformatorischen genauso wie der gegenreformatorischen Seite die Weltanschauungen und Lebensformen der Menschen nicht mehr gleichgültig bleiben konnten. Jetzt wird alles relevant, was zuvor neben der Zugehörigkeit zur Kirche, der Teilnahme an ihren Ritualen und der Zustimmung zu ihren Dogmen verhältnismäßig unbehelligt weiterbestehen konnte*: Die Mythen, mit denen die Menschen ihre Welt interpretieren; das Zusammenleben in Ehe, Familie und Haus; die Stellung zur staatlichen Obrigkeit; Lebensfor-

---

der Oberschichten am Karneval teilgenommen, den Gauklern zugehört und die in der Volkskultur lebendigen Mythen gekannt. Die Bilder von Hieronymus Bosch und Texte wie Gargantua und Pantagruel von Rabelais legen Zeugnis ab von dem intensiven Austausch zwischen schriftlicher und nichtschriftlicher Kultur bis zur frühen Neuzeit.

men wie Luxus, Völlerei und Prunk ebenso wie die Armut; die magische Praxis von weisen Frauen und Männern, die Begehungen und Manifestationen der populären Kultur. Am Ende, als der Bruch perfekt ist, wird für alle beteiligten Seiten alles wichtig; was vorher problemlos als magische Praxis bestehen konnte, ohne mit dem geforderten Glauben und der Teilnahme am kirchlichen Ritual in Konflikt zu geraten, wird jetzt als teuflische Hexerei zum Gegenstand inquisitorischer Verfolgung, und zwar auf beiden Seiten, Reformation ebenso wie Gegenreformation.

Luthers Blick auf die Bauern

Luthers Einspruch richtet sich nicht zuerst gegen die konkreten Forderungen der Bauern. Er empfiehlt in der »Ermahnung zum Frieden …« vielmehr den Herren ihre Beachtung beziehungsweise hält sie für Fragen, die von den – römischen – Rechtsgelehrten zu lösen sind, nicht jedoch Gegenstand des Streites zwischen Christen sein können. *Seinen entschiedenen Widerspruch äußert er allerdings dagegen, dass sich die Bauern in ihren Forderungen auf »göttliches Recht« berufen. Damit, so meint er, diskreditieren sie die evangelische Bewegung insgesamt. Die Bauern sind höchstens Leute, die darum kämpfen, dass sie kein Unrecht leiden wollen.* Ihre Berufung auf göttliches Recht könnten sie nur so legitimieren, dass sie einen Befehl Gottes vorweisen durch Zeichen und Wunder untermauern können. »Ich lasse ewer Sachen seyn, wie gut und recht sie seyn kann, weyl yhr si aber selbs wöllt verteydigen und nicht gewallt noch unrecht leyden, mügt yhr thun und lassen, was euch Gott nicht weret. Aber den Christlichen namen, sage ich, den lasst stehen und macht den nicht zum schanddeckel eurs ungedultigen, unfridlichen, unchristlichen furnehmens.«[20] Wenn die Bauern den christlichen Namen für ihren Aufstand nicht fahren lassen, »Wolan«, meint Luther, »so mus ich die die sache nicht anders verstehn, denn das sie myr gellte und euch fur feynde rechnen und hallten, die meyn Evangelion dempffen odder hyndern wöllen mehr denn Bapst und Key-

20 WA 18, 314, 9–14; 28–32.

ser bis her than haben, weyl yhr unter des Euangelii nahmen widder das Euangelion faret und thut.«[21]

Luthers Stellungnahme im Bauernkrieg wird denn auch in der kirchengeschichtlichen und systematisch-theologischen Diskussion zumeist als theologisches Problem und als theologisch begründeter Gegensatz diskutiert. Luther kann aus der Verkündigung des Evangeliums daraus folgende sozialkritische Gedanken gewinnen. Aber, so sein Verdikt: Die Bauern missbrauchen den Namen Gottes. Selbst das natürliche Recht verbietet Aufruhr. Aufgabe der Christen ist dagegen, Unrecht zu leiden, Märtyrer zu werden und auf Gott zu warten. Wenn Luther soziale Konsequenzen aus dem Evangelium zulassen will, dann als Pflichten für die Verantwortlichen und Herrschenden, aber niemals als Mittel der Selbstdurchsetzung für die Interessen des Volkes, nie als Begründung für die Menschenrechte der Unterdrückten.[22]

Möglicherweise wird Luthers Haltung verstehbar, wenn man sein eschatologisch bestimmtes Lebensgefühl ansieht. Für Luther relativieren sich die konkreten sozialen und rechtlichen Forderungen der Bauern auf dem Hintergrund einer eschatologischen Geschichtsdeutung.[23] Luther wertet die Bauernunruhen als Ausdruck eines endzeitlichen Kampfes zwischen Gott und Teufel. Luthers Haltung ist nicht die eines »reaktionären Wortführers landesfürstlichen Obrigkeitsdenkens«, auch nicht die eines »konservativen Bewahrers

21 WA 18, 316, 6–10. 24–27.

22 Charakteristisch für diese Interpretationsperspektive bereits: Paul Althaus, Luthers Haltung im Bauernkrieg. Luther-Jahrbuch 1925, 1ff.

23 Martin Greschat, Luthers Haltung im Bauernkrieg. In: ARG 56, 1965, 31ff.

göttlicher Schöpfungsordnungen«, sondern die eines *»christlichen Apokalyptikers«*. Luther konfrontiert die Bauern genauso wie die Fürsten mit dem unmittelbar bevorstehenden göttlichen Zorngericht. Beide Seiten stehen in der Gefahr, vom Satan als Mittel seines endgeschichtlichen Kampfes gegen die Herrschaft Gottes benutzt zu werden und so als »Satans Rotten« zu kämpfen. In diesem Szenario könnte Luthers Haltung gegenüber den Bauern als *»seelsorgerliches Drängen«* interpretiert werden, als Bußruf, als letzter Appell zur Umkehr, aus der Sorge heraus, dass das Volk nicht mehr hören kann. Als er dann miterlebt, wie der Aufstand tatsächlich losbricht, »offenbart sich für ihn in diesem revolutionären Wirbel, der alles Bestehende ins Chaos zu stürzen droht, die längst befürchtete satanische Empörung.«[24]

Luther Stellungnahme kann jedenfalls in soziologischen Kriterien nicht angemessen verstanden werden – zum Beispiel das Ausdruck der Befangenheit seiner Vorstellungen in einer feudalen Gesellschaftsstruktur –, sondern nur aus seiner Vorstellung heraus, dass in diesen historischen Augenblick das Eschaton unmittelbar in die Gegenwart hineinwirkt. Indem die Bauern Luthers Reformation für die eigenen Interessen missbrauchen wollen, ziehen sie ihn in diesen eschatologischen Kampf mit hinein. »Noch schärfer: das dramatische Geschehen des Bauernkrieges verdichtet sich für Luther zum persönlichen Kampf zwischen Luther und dem Teufel.«[25]

An diesem Punkt allerdings greift die Interpretation der Interventionen Luthers als »seelsorgerliches Drängen« zu

24 Ebenda, 37.

25 Ebenda, 38. Vgl. Heiko A. Oberman, Luther – Mensch zwischen Gott und Teufel. München 2016.

kurz – ebenso wie schon an dieser Stelle eines beachtet werden muss: Das *Nichtverstehen* Luthers gegenüber den Anliegen der aufständischen Bauern schlägt sehr bald in massive *Aggression* und in den *Aufruf zur gewaltsamen Bekämpfung* des Aufstandes um – in den sprachlichen Formulierungen Luthers ohne jede Einfühlung und Empathie. Ich denke, dass die Wahrnehmung des *apokalyptischen Lebensgefühls*, in dem Luther befangen ist, ebenso wie seine Assoziation des Aufstandes mit dem Werk des *Teufels* die energetische Basis bietet, dass Nichtverstehen in Gewalt umschlägt. Wenn es in der Sicht Luthers bei diesem Aufstand um den endgeschichtlichen Kampf zwischen Gott und dem Teufel geht, dann scheinen alle Mittel nicht nur erlaubt, sondern geboten. – Aber so weit sind wir noch nicht.

Beide Züge in Luthers theologischem Denken sind Schattierungen in seiner grundlegenden Haltung, die sich im Bauernkrieg zunehmend radikalisiert. Das eschatologische Denkmodell verbindet sich mit einer Haltung, die an der Erhaltung des gesellschaftlichen Status quo interessiert ist. Um das Gefälle seiner Argumentation zu verstehen, ist eine Einordnung seiner konkret-politischen Stellungnahme in die Reflexion umfassenderer Themen notwendig.

Luthers Äußerungen zu den Problemen Aufstand und Gehorsam gegenüber der weltlichen Obrigkeit können nur richtig verstanden werden auf dem Hintergrund seiner Forderung, zwei Reiche und Regimente Gottes präzise zu unterscheiden.[26] Zu seinem Urteil »Tumulte schaden dem

26 Luther hat hier keine konsistente »Lehre« entwickelt; vielmehr lässt sich seine Haltung aus einer Reihe von Gelegenheitsschriften rekonstruieren.

Evangelium«[27] verbinden sich eine Reihe von Argumentationsfäden:

Eine *strategisch-politische Argumentationslinie*: Eine ungerechte Obrigkeit – und Luther hat hier vor allem die geistliche Obrigkeit im Blick – kann nicht wirksam durch Aufstand bekämpft werden, sondern nur dadurch, dass man ihr die Legitimation entzieht. Dies kann geschehen durch Aufklärung des Volkes sowie durch Nichtunterstützung, durch »passiven Widerstand«.[28]

Eine *politisch-moralische Argumentationslinie*: Die möglichen Opfer eines Aufruhrs lassen sich im Voraus nicht kalkulieren, stehen jedenfalls in keinem Verhältnis zu seinem Anlass und zu seinem möglichen Erfolg.

Eine *kirchenpolitisch-taktische Argumentationslinie*: Ein Aufstand bringt die evangelische Predigt und die evangelische Bewegung insgesamt in Misskredit.[29]

Eine *eschatologische Argumentationslinie*: Aufruhr ist letztlich Werk des Satans. Denn im Aufruhr wird die weltliche Gewalt angegriffen, durch die allein doch das Böse und das Chaos in Schach gehalten werden können. Zudem wird,

27 Ich übernehme diese Parole von Leif Gram, Thomas Müntzer und Martin Luther. In: Bernd Möller, Bauerkriegsstudien. Gütersloh 1975, 77.

28 Besonders deutlich in: »Eine treue Vermahnung …«, 1522.

29 Selbst wenn in dieser Untersuchung ein anderer Schwerpunkt gelegt wird: Es ist auch in meinen Augen unbestreitbar, dass das politisch-strategische Moment in Luthers Entscheidungen eine gewichtige Rolle spielt. Von Anbeginn wäre die reformatorische Bewegung gescheitert, wenn sie nicht insbesondere vom Landesfürsten, Friedrich dem Weisen, Kurfürst von Sachsen, geschützt und gestützt worden wäre. Diese Beziehung bleibt auch für Luthers Positionierung im Bauernkrieg zentral wichtig.

wenn der Aufstand mit »göttlichem Recht« begründet wird, der christliche Name für eine eigennützig-weltliche Unternehmung missbraucht. Denn christliches Leben heißt, so meint Luther, Unrecht leiden und den Nächsten lieben, nie aber, sich selbst durchzusetzen. Durch die Legitimation mit dem christlichen Namen wird das geistliche mit dem weltlichen Regiment vermischt.[30]

In einem Aufruhr werden beide Regierungsweisen zerstört, mit denen Gott sein Reich gegen das Wirken des Teufels auf Erden durchsetzt. Eingebunden in die eschatologische Argumentationslinie ist auch eine ordnungstheologische: Luther denkt die gesamte gesellschaftliche Struktur als konzentrische Kreise von Obrigkeits- und Abhängigkeitsbeziehungen. Entsprechend der Rolle des Familienvaters in der patriarchalischen großen Haushaltsfamilie haben auch die Grund-und Landesherren in ihrer Herrschaft die Aufgabe der Fürsorge, umgekehrt haben entsprechend der Rolle von Kindern, Ehefrau und Gesinde alle Menschen gegenüber ihren Herren in Ehrfurcht und Liebe zu leben. Das patriarcha-

30 Benjamin Heidenreich zeigt in einer Analyse von Flugschriften, Korrespondenzen und weiteren Dokumenten aus dem Lager süddeutscher Aufständischer, wie diese selbst unternehmen, den negativen Deutungen ihrer Erhebung eine eigene Lesart entgegenzusetzen. Es sei ihnen darum gegangen, mit Berufung auf ein Konzept christlicher Nächstenliebe, vor allem aber durch Inanspruchnahme der alttestamentlichen Exoduserzählung eine Umdeutung des negativ besetzten Aufruhr-Verständnisses im Sinne eines christlich legitimen Vorgehens zu etablieren. Vgl. Benjamin Heidenreich, Ein Ereignis ohne Namen? Zu den Vorstellungen des »Bauernkrieges« von 1525 in den Schriften der »Aufständischen« und in der zeitgenössischen Geschichtsschreibung. Berlin 2019.

lische »Haus« ist Ursprungsort und Vorbild aller Herrschaft im weltlich-gesellschaftlichen Bereich.

In diesen patriarchalischen Strukturen äußert sich das weltliche Regiment Gottes und damit auch – in eschatologischer Perspektive – die weltliche Seite des Kampfes Gottes gegen den Teufel. Eingebunden in die Stände (oeconomia: Arbeit und Zusammenleben im Haus; politia: politische Obrigkeit; und sacerdotia: kirchliche Obrigkeit) haben die Menschen die Möglichkeit, als Amtspersonen negativ das Chaos abzuwehren und, orientiert am Kriterium der Liebe, als cooperatores Dei an der Bewahrung der Schöpfung mitzuarbeiten. Durch einen Aufruhr wird genau diese Möglichkeit bestritten und in letzter Konsequenz zerstört.

Zum Verständnis dieser Argumentationsfigur sind Überlegungen zu Luthers »Lehre von den zwei Reichen und Regimenten« hilfreich. Luther entwickelt seine Auffassung in verschiedenen Gelegenheitsschriften[31] in Auseinandersetzung mit der mittelalterlich-kirchlichen Lehre, in der die geistliche der weltlichen Gewalt als übergeordnet behauptet wird. Er polemisiert dagegen, dass die Kirche Herrschaft auch im weltlich-politischen Bereich beansprucht und besteht da-

31 Hierzu gehören vor allem:
- Eine treue Vermahnung Martin Luthers an alle Christen, sich zu hüten vor Aufruhr und Empörung, 1522, WA 8, 676ff.;
- Von weltlicher Obrigkeit, wie weit man ihr Gehorsam schuldig sei, 1523, WA 11, 245ff.;
- Ein Brief an die Fürsten zu Sachsen von dem aufrührerischen Geist, 1524, WA 15, 210ff.;
- Ermahnung zum Frieden auf die zwölf Artikel der Bauernschaft in Schwaben, 1525, WA 18, 290ff.; als Anhang dazu:
- Wider die räuberischen und mörderischen Rotten der Bauern, WA 18, 357ff.

rauf, dass die Kirche selbst in diesem Bereich der jeweiligen politischen Obrigkeit unterworfen ist. Zugleich – und dies ist der unmittelbare Anlass der Schrift »Von weltlicher Obrigkeit ...« – bestreitet Luther der weltlichen Gewalt energisch die Legitimation, auf das Glaubensleben der Untertanen Einfluss zu nehmen. Er besteht auf einer klaren Unterschiedenheit und zugleich Aufeinanderbezogenheit der Einflussbereiche des christlichen und des weltlichen Regiments. »Darum muss man die beiden Regimente sorgfältig voneinander unterscheiden und beide bleiben lassen: eins, das fromm macht, das andere, das äußerlich Frieden schafft und bösen Werken wehrt. Keins reicht ohne das andere aus in der Welt ...«

Wenn Luther auch die Begriffe »Reiche« und »Regimente« nicht eindeutig voneinander unterscheidet, verwendet er sie doch nicht identisch. Vielmehr muss unterschieden werden: Die Rede von den »beiden Reichen« ist eine eschatologische Denkfigur. Hier greift Luther die augustinische Tradition der »Zwei Civitates« auf.[32] Beide Reiche, das Reich Gottes und das Reich der Welt, letztlich das Reich des Teufels, liegen in endgeschichtlichem Kampf miteinander. Beide Reiche sind als »*Persongemeinschaft*« gedacht:

Im *Reich Gottes* leben die wenigen, verstreut lebenden, aber doch real existierenden Christen. Sie werden allein durch das Wort Gottes regiert, werden durch das Gesetz gedemütigt und durch das Evangelium gerecht gesprochen. Sie leben in Nächstenliebe und Verzicht auf Selbstdurchsetzung miteinander, ohne dass sie von einer äußerlichen Macht kontrolliert

32 Aurelius Augustinus, De Civitate Dei. Zit. nach Christoph Horn Hrsg., Berlin 1997.

und reglementiert werden müssten. Sie sind innerlich neu gewordene Menschen.

Im *weltlichen Reich* lebt, zahlenmäßig vollständig dominierend, die Persongemeinschaft der Unchristen. Ihre Mitglieder sind vollständig unfähig, aus eigener Motivation Frieden zu halten. Sie drohen vielmehr beständig, sich gegenseitig zu vernichten. Sie sind von Chaos und Tod beherrscht. Sie können, aus innerem Antrieb unfähig zum Guten, nur durch äußere Kontrolle in Schach gehalten werden: Durch die Strafandrohung des »Schwertes«, der weltlichen Gewalt.

Es könnte der Eindruck entstehen, als denke Luther beide Reiche als soziologisch klar voneinander getrennte Gruppierungen. Dieser Eindruck trügt allerdings. Denn: kein Mensch ist von Natur aus Christ, wird vielmehr zum Christen erst durch die rechtfertigende Predigt des Wortes Gottes. Die Christen unterwerfen sich freiwillig der wirklichen Gewalt, um keinen Anstoß zu erregen. Und, als entscheidende Aussage: Auch die wahren Christen sind nicht aus der Welt herausgenommen. Sie sind gerechtfertigte Sünder, sind »simul iusti es peccatores«. Sie sind von der Sünde freigesprochen, bleiben als real existierende Menschen aber immer im Machtbereich der Sünde. Solange sie in der Welt leben, sind sie zur Selbstkontrolle ihrer körperlichen Antriebe und zur Gestaltung ihres gesellschaftlichen Zusammenlebens verpflichtet: Sie müssen, wie Luther formuliert, »ihren Leib regieren« und »mit den Menschen umgehen«.[33]

Der Kampf zwischen den beiden Reichen wird in jedem einzelnen Menschen ausgetragen. In der Schrift »de servo ar-

33 Martin Luther, Traktat von der Christlichen Freiheit, 1520, WA7, 60.

bitrio«, in seiner Auseinandersetzung mit Erasmus von Rotterdam, vergleicht Luther den Menschen mit einem Lasttier: Aus eigenem Willen und eigener Vernunft unfähig, das Gute zu wählen und zu tun, wird er entweder von Gott oder vom Teufel geritten. »So ist der menschliche Wille in der Mitte hingestellt wie ein Lasttier; wenn Gott darauf sitzt, will er und geht, wohin Gott will. Wenn der Satan darauf sitzt, will er und geht, wohin Satan will. Und es liegt nicht in seiner freien Wahl, zu einem von beiden Reitern zu laufen und ihn zu suchen, sondern die Reiter selbst kämpfen darum, ihn festzuhalten und in Besitz zu nehmen.«[34]

Zugleich denkt Luther den Kampf des Reiches Gottes gegen das Reich des Teufels als kosmologischen endgeschichtlichen Kampf um die ganze Welt. Allerdings wird der Dualismus zwischen Gott und Teufel insofern letztlich aufgehoben, als der Teufel kein wirklich eigenmächtiger Widerpart Gottes ist. Auch er steht, trotz seiner offenkundigen Gewalt, unter Gottes Herrschaft. Der endgeschichtliche Kampf zwischen Reich Gottes und Reich der Welt ist in letzter Konsequenz immer schon als entschieden gedacht.[35]

Luthers Rede von den beiden Regimenten Gottes ist hiervon zu unterscheiden. Die beiden Regimente Gottes müssen auf diesem Hintergrund als zwei Funktionen verstanden werden, mit denen Gott sein Reich gegen die Macht des Teufels durchsetzt. Die wahren Christen – niemals identisch mit der Masse der Getauften – werden allein durch das geistliche Regiment regiert: Durch die Predigt des Wortes Gottes, durch

34 Martin Luther, »Daß der freie Wille nichts sei.« Antwort D. Martin Luthers an Erasmus von Rotterdam. In: H.H. Borchardt u.a. Hrsg., Ausgewählte Werke, München 1954, 47.

35 Ebenda, 140f.

die Predigt von Gesetz und Evangelium. Gäbe es nur wahre Christen in der Welt, so wäre das geistliche Regiment zur Ausrichtung der Herrschaft Gottes über die Welt hinreichend. Da aber fast alle Menschen Unchristen sind, ist das weltliche Regiment notwendig. Ihm unterwerfen sich um der Liebe willen auch die Christen. Das weltliche Regiment ist dabei – negativ – als verhindernde Gewalt gedacht: Durch »Gesetz« und »Schwert«, durch das je gültige Rechts- und Normensystem und durch die Sanktionsmittel der staatlichen Obrigkeit wird das Böse in Schach gehalten. Zugleich ist das weltliche Regiment auch positiv gedacht: Als Wirkungsweise Gottes, in der er sein Schöpfungswerk in der Welt fortführt und *den Menschen als Mitarbeiter an diesem Schöpfungswerk einlädt. Insofern gibt es im weltlichen Regiment den qualifizierten Gebrauch von Vernunft und auch den freien Willen.* »Wenn wir überhaupt dieses Wort nicht lassen wollen (freier Wille, HMG) …, sollten wir dennoch nach bestem Wissen lehren, es so zu gebrauchen, daß dem Menschen der freie Willen nicht im Hinblick auf das, was höher, sondern nur auf das, was niedriger ist als er, zugestanden wird, d.h. er weiß, dass er in Sachen seines Geldes und seines Besitzes das Recht hat, zu gebrauchen, zu tun, zu lassen nach seinem freien Willen, wenn auch eben da durch den freien Willen Gottes allein gelenkt wird, wohin auch immer es ihm gefallen mag.«[36]

In den Ständen, die das Zusammenleben der Menschen ordnen (oeconomia, politia, sacerdotia), in »Beruf« und »Amt« ist der Christ aufgefordert, durch Nächstenliebe, durch Unrecht leiden und durch fremdem Unrecht Wehren sich Gottes weltlichem Regiment zu unterwerfen. Dabei gilt: das

36 Ebenda, 49.

weltliche Regiment ist Herrschaftsmittel Gottes unabhängig davon, ob die es bekleidenden Personen Christen oder Nichtchristen sind. Sind sie Christen, so gelten für sie jedoch besondere Maximen. Im »Fürstenspiegel« seiner Schrift »Von weltlicher Obrigkeit …« erläutert Luther deshalb, welche Begrenzungen und welche positiven Normen verbindlich für Fürsten gelten, wenn sie dieses Amt *als Christen* bekleiden.

Was »christliche Freiheit« und christliche Gerechtigkeit bedeuten sollen, kann Luther 1525 in seiner Auseinandersetzung mit den aufständischen Bauern nur im Rahmen dieses eben skizzierten Gedankenmodells artikulieren. In seinem Angriff auf die Bauern, sie machten christliche Freiheit »ganz fleischlich«, greift Luther auf eben das Verständnis von der »Freiheit eines Christenmenschen« zurück, wie er es in der reformatorischen Grundschrift dieses Titels bereits 1520 entfaltet hat. Christliche Freiheit, so wird hier gleich eingangs festgestellt, lässt sich nur verstehen in zwei paradoxen und zugleich notwendig aneinander gebundenen Sätzen: »Der Christ ist völlig freier Herr über alles und niemandem untertan. Der Christ ist ein allen völlig dienstbare Knecht und jedermann untertan.«[37] Luther unterscheidet kategorial zwischen innerer und äußerer Natur, zwischen Seele und Leib des Menschen. »Der Mensch ist nämlich von einer zweifachen Natur, einer geistlichen und einer leiblichen. Nach der geistlichen, die man Seele nennt, heißt er geistlicher, innerer und neuer Mensch, nach der leiblichen, die man ›Fleisch‹ nennt, heißt er fleischlicher äußerer und alter Mensch …«[38] Für den

37 WA7, 49.
38 WA7, 50.

inneren Menschen, für die Seele ist der äußere Mensch, ist der Leib, ist das Weltverhältnis eines Menschen in seinem Handeln wie in seinem Leiden vollständig unerheblich. Das heißt aber auch: *Das leiblich-weltliche Leben ist belanglos für die Konstitution der christlichen Freiheit.* »Es steht fest, daß überhaupt keine äußere Sache, mit welchem Namen sie auch genannt werde, irgendeine Bedeutung hat für die Entstehung der christlichen Gerechtigkeit und Freiheit, wie auch nicht für die Ungerechtigkeit und Unfreiheit …«[39]

Luther identifiziert an dieser Stelle die Polarität zwischen innerem und äußerem Menschen mit der Polarität zwischen Gottesverhältnis und Weltverhältnis des Menschen. Für den inneren Menschen, für die Seele ist allein entscheidend die Predigt des Wortes Gottes. Diese Predigt wird in zweierlei Weise ausgerichtet: als Predigt des Gesetzes und als Predigt des Evangeliums. Die *Predigt des Gesetzes* stürzt den Menschen in *Verzweiflung*. Er erfährt, dass er vollständig unfähig ist, von sich aus den Anspruch des Gesetzes zu erfüllen. Die Predigt des Gesetzes führt zur Erkenntnis der Sünde.[40] Dem so in Verzweiflung gestürzten Menschen kommt die *Predigt des Evangeliums* zu *Hilfe*. Hier kommt es zu einem intensiven Austausch, zu einer intimen Kommunikation zwischen Christus und der menschlichen Seele. Luther schildert diese Kommunikation in Bildern einer Hochzeit und eines Tausches: Wie der Bräutigam mit der Braut, so vermählt sich Christus mit der menschlichen Seele.[41] Zwischen Christus und der Seele des Menschen kommt es nun zu einem *Tausch*,

39 Ebenda.
40 WA7, 52.
41 WA7, 54f.

zu einem »fröhlichen Wechsel«. Die Sünde des Menschen wird gegen die Gerechtigkeit Christi eingetauscht. Der Sünder wird gerecht. »Christus ist voller Gnade, Leben und Heil, die Seele ist voller Sünde, Tod und Verdammnis. Nun tritt der Glaube als Mittler dazwischen. So kommt es, dass Christus Sünde, Tod und Hölle gehören, der Seele aber Gnade, Leben und Heil …«[42]

Vermittelt über die königliche Herrschaft Jesu Christi ist der innere Mensch aller Dinge mächtig: Keine noch so zerstörerische Erfahrung seines äußerlich-weltlichen Lebens kann ihm letztlich etwas anhaben. Und vermittelt über das hohepriesterliche Amt Christi ist der innere Mensch nicht nur aller äußeren Dinge, sondern sogar Gottes mächtig.

Diese vollkommene Freiheitserfahrung kann nicht unabhängig gedacht werden von der zweiten Seite christlicher Freiheit: Der Christ ist ein allen dienstbarer Knecht. Dies gilt für den äußeren Menschen, gedacht in den zwei Dimensionen der Selbstkontrolle gegenüber eigenen körperlich-sinnlichen Antrieben und Lebensäußerungen sowie in der Selbstkontrolle im Hinblick auf das Sozialverhalten. *Diese Dimensionen von Unfreiheit sind so lange notwendiger Bestandteil christlicher Freiheit, wie der Mensch in der Welt lebt.* Weil er niemals ausschließlich innerer Mensch, sondern immer auch äußerer Mensch ist, weil er niemals allein durch sein Gottesverhältnis, sondern immer auch durch sein Weltverhältnis bestimmt ist, weil er nicht nur bereits gerecht gesprochen, sondern immer auch Sünder ist.

Luther widerspricht der Ansicht, nach der gesagt werden könnte: Weil der Glaube alles erreicht, sind gute Werke nicht

42 Ebenda.

mehr nötig. Auch ein Christ muss gute Werke tun – wenn auch nicht, um sich die Gerechtsprechung Gottes zu verdienen. Sondern er muss – entsprechend den zwei Dimensionen der Selbstkontrolle – zum einen dafür sorgen, dass sein äußerer Leib dem inneren Menschen gleichförmig werde. Gute Werke sollen in der Absicht getan werden, dass der Leib zum Gehorsam gebracht, von bösen Begierden gereinigt und vom Müßiggang abgehalten werde.

Zum anderen muss der Mensch zusehen, dass auch sein Sozialleben durch gute Werke bestimmt wird. »Denn der Mensch lebt nicht allein in diesem sterblichen Leibe, um an ihm etwas zu tun, sondern auch für alle Menschen auf Erden, ja er lebt nur für die anderen und nicht für sich selbst.«[43] Das Leben des Christen in der Gesellschaft wird von Luther als vollständiger Verzicht auf Selbstdurchsetzung beschrieben – mit der Konsequenz, selbst Unrecht zu leiden, ohne sich dagegen aufzulehnen. All das, was der Christ für sich selbst nicht will, will er für seinen Nächsten: *Ihn lieben, ihn schützen, Unrecht von ihm abwenden.* »Deswegen, wie der himmlische Vater uns in Christus umsonst geholfen hat, so müssen wir um seiner Liebe und um seine Werke willen unserem Nächsten umsonst helfen und jeder dem anderen eine Art Christus werden.«[44]

Vor dem Hintergrund dieser Argumentation ist für Luther das Aufbegehren der Bauern mit christlicher Freiheit nicht vereinbar. Zeigt sich doch in ihrem Vorgehen der Versuch, eigene Lebensinteressen auch um den Preis durchzusetzen, dass andere hierdurch Schaden nehmen. Die Bauern greifen

43 WA7, 64.
44 WA7, 66.

zudem mit der Strafgewalt der Obrigkeit zugleich die Möglichkeit an, den Frieden zu wahren und die Menschen vor Unrecht zu schützen.

Wo liegt der Konflikt zwischen Luther und den aufständischen Bauern?

Das theologische Denken, das den Hintergrund darstellt, von dem aus Martin Luther gegen ein Verständnis göttlichen Rechts und christlicher Freiheit angeht, wie es die aufständischen Bauern für die eigene Position in Anspruch nehmen, ist in seinen Konturen deutlich geworden. Auch Luthers strategisch-politische und politisch-moralische Einwände gegen den Aufstand finden ihre Mitte in dieser theologischen Konstruktion.

Für die Bauern vertragen sich christliche Freiheit und Gerechtigkeit dagegen nicht mit einem Leben, das durch wirtschaftliche Ausbeutung und politische Unterdrückung bestimmt ist. Die Erhöhung der Feudalabgaben und die Beeinträchtigung der Rechte der Dorfgemeinschaft – an der Nutzung der Allmende und in Nutzungsrechten an Forsten und Flüssen – durch die Grundherren und die Zentralgewalt ist für die Bauern ebenso ein Thema christlicher Freiheit wie die freie Wahl des Pfarrers durch die Gemeinde.

Für Luther ist dies von der gesamten Systematik seines Denkens her eine unerlaubte Vermischung von Ebenen, die um den Preis des Ganzen nicht durcheinandergebracht werden dürfen. Die Freiheit eines Christenmenschen ist für seine Haltung durch die Einschränkung bäuerlicher Nutzungsrechte an Wald und Flüssen mitnichten tangiert. Und der Angriff der Bauern auf die grundherrliche und landesherrliche Obrigkeit gilt ihm als Angriff auf das weltliche Regiment Gottes, letztlich als Angriff auf das Reich Christi selbst in seinem endgeschichtlichen Kampf gegen den Teufel.

Wenn sich die Bauern zur Legitimation ihres Aufstandes auf Luther berufen; wenn sie das »göttliche Recht« für die Begründung ihrer Forderungen in Anspruch nehmen; wenn sie auf diese Weise einen Anschluss an die evangelische Bewegung erreichen wollen, dann rezipieren sie das theologische Programm der reformatorischen Bewegung auf eine solche Weise, dass dieses Programm in ihrer Rezeption in seinen Inhalten verändert wird. *Die Bauern lesen Luther auf verändernde Weise.* In der Aneignung von Parolen der evangelischen Bewegung – christliche Freiheit und Gerechtigkeit – modifizieren sie den Inhalt dieser Parolen. Und Martin Luther macht ihnen auf dem Hintergrund einer differenzierten theologischen Argumentation das Recht hierzu streitig.

Nur: handelt es sich hier tatsächlich um einen theologischen Dissens? Wäre der Streit in der Weise einer theologischen Disputation lösbar gewesen? Treffen theologisch begründete Interpretationen den Kern dieses Konflikts?

Ich vermute, dass dies nicht der Fall ist.

Es geht mir dabei nicht um einen Vorwurf, Luther habe mit seiner theologischen Sprache ein unangemessenes Instrumentarium gegenüber den ökonomischen, sozialen und politischen Probleme seiner Zeit gewählt. Ein sozialwissenschaftliches Instrumentarium zur Analyse bäuerlicher Lebensbedingungen hat Luther nicht zur Verfügung gestanden. Meine Vermutung ist vielmehr diese: Luther und die Bauern haben sich auch bei bester Absicht nicht verstehen *können*.

Meine Hypothese ist elementar: Luther und die Bauern haben sich nicht verstehen können, weil sie vollkommen anders lebten. Wie christliche Freiheit und Gerechtigkeit jeweils verstanden wurden, ist abhängig von dieser jeweils unterschiedlichen Weise zu leben.

Sowohl in den Forderungen der Bauern als auch in den Erörterungen Luthers werden Themen angesprochen, in denen offensichtlich diese Frage strittig ist: Was ist die rechte Zuordnung von innen und außen? Diese Frage hängt in ihrer jeweiligen Sicht ab von der eigentümlichen Weise zu leben. Die Volkskultur des ausgehenden Mittelalters und der beginnenden Neuzeit, die Lebensweise der Bauern genauso wie der städtischen Unterschichten lässt eine Trennung von Öffentlichkeit und Privatheit, von öffentlichem und intimen Leben, von außen und innen schlechterdings nicht zu. Wie Freiheit und Gerechtigkeit verstanden werden, wie das Verhältnis von »innen« und »außen« gewichtet wird, ist unmittelbar abhängig von den Lebensbedingungen, in denen eine Wahrnehmung diese unterschiedlichen Lebensbereiche sich konstituiert.

Ich möchte den Streit um die Bedingungen des Nichtverstehens zwischen Luther und den Bauern wieder aufrollen. Eine Begründung für diesen Versuch liegt in der Brisanz der Wirkungsgeschichte dieses Nichtverstehens. Ein Beispiel. Hans-Joachim Iwand äußert – im Zusammenhang der Diskussion um das gescheiterte Attentat auf Hitler 20. Juli 1944 – diese Vermutung: Die fast vollständige Abstinenz des deutschen Luthertums gegenüber dem Widerstand gegen den Nationalsozialismus lässt sich nicht ohne Luthers Nein zum Bauernkrieg verstehen. Der Bruch zwischen Reformation und bäuerlicher Protestbewegung ist für die ganze weitere deutsche Geschichte entscheidend geworden.[45]

45 Hans-Joachim Iwand, Nachgelassene Werke Band 2, München 1966, 198.

Meine Hypothese ist: Luther und die Bauern haben sich nicht verstehen *können*, weil sie auf vollkommen unterschiedliche Weise lebten. Ich will zugleich der These von Peter Burke und Carlo Ginzburg nachgehen, dass erst im Prozess von Reformation und Gegenreformation der Kontakt zwischen Hochkultur und Volkskultur zerfallen ist, der zuvor über viele Jahrhunderte nicht unproblematisch, aber in vieler Hinsicht offen war. Gibt es für diese These auch Anhaltpunkte in der Entwicklung der reformatorischen Bewegung? Lässt sich von hier aus das dramatische Missverstehen zwischen Luther und den Bauern verstehen?

Die Fragestellung muss ausgeweitet werden insofern, als es nicht nur die Beziehung zwischen Luther und den Bauern, sondern auch die Lebensverhältnisse der städtischen Unterschichten in den Blick kommen werden. Dies hat schlicht Anhalt an der historischen Realität. Peter Blickle zeigt an den zeitgenössischen Quellen, dass die Benennung »Bauernkrieg« vor allem von Chronisten und Kanzlisten stammt, nicht aber von den Bauern selbst. Schon bei den Zeitgenossen hat sich diese Benennung nicht durchgesetzt. Die Verfestigung des Begriffs »Bauernkrieg« muss man vielmehr als historiographische Hervorbringung des 19. und 20. Jahrhunderts werten. In den Archiven der Zentren des Bauernkrieges stößt man in Zeitgenössischen Quellen nicht auf den Begriff »Bauernkrieg«. »Die Zeitgenossen, genaue Beobachter, die sie waren, haben folglich auch einen anderen Begriff verwendet. Der *Gemeine Mann* tritt an die Stelle des Bauern in der geschichtswissenschaftlichen Literatur.«[46]

46 Peter Blickle, Der Bauernkrieg. A.a.O., 42.

In der Wahrnehmung der Erhebungen der Jahre 1524-1526, die 1525 mit der brutalen Zerschlagung und Mordbrennerei durch die Herren ihren Höhepunkt fanden, spielt die Landbevölkerung eine herausragende Rolle allein schon deshalb, weil in diesem Zeitraum 80% der Bevölkerung auf dem Lande lebte. Und trotzdem: Die Erhebungen sind keine reinen Bauernaufstände. »Gewerken und Knappen in Tirol, Salzburg und im Erzgebirge, Städter aus Meran, Bozen, Hall und Schwaz in Tirol, aus den württembergischen Amtsstädten, Tübingen ausgenommen, Bürger der Bischofsstädte Bamberg, Würzburg, Salzburg, Chur, Brixen und Trient haben sich den Bauern angeschlossen, zu schweigen von den Weinbergregionen Deutschlands vom Elsaß und über die Pfalz, den Rheingau nach Franken, wo Dörfer und Städte sich bis heute in ihrem äußeren Erscheinungsbild kaum unterscheiden und angesichts gleicher lokaler Verfassungen und gleicher Erwerbsgrundlagen im 16 Jahrhundert erst recht nicht unterschieden, vor allem nicht mental.«[47]

Die Erhebung des Gemeinen Mannes in den Städten muss also genauso in den Blick kommen wie die der Bauern. Ich wähle als Beispiel wegen der Nähe zum Zentrum der lutherischen Reformation die Stadt Zwickau. Eine Eingrenzung muss Gegenstand der Frage gelingen, was dies heißt: eine andere Weise zu leben.

Ich begebe mich also auf eine Spurensuche und lade meine Leserinnen dazu ein, mich dabei zu begleiten.

47 Ebenda, 41f.

Eine andere Weise zu leben – Fundstücke auf einer Spurensuche

Mein Ausgangspunkt: die Bauern versuchen durch Berufung auf »göttliches Recht« Anschluss an die reformatorische Bewegung zu gewinnen. Sie rezipieren dabei Themen der reformatorischen Bewegung auf eine solche Weise, dass diese in der Rezeption verändert werden. Dies ist nun kein historisch einzigartiger Vorgang. Und er ist auch nicht auf den Bereich der Theologie und der kirchlichen Entwicklung begrenzt.

Im späten 15. Jahrhundert erscheint in Paris und in verschiedenen anderen Städten Frankreichs ein Büchlein mit dem Titel »Die Sprüche Salomonis und die Antworten des Marcolf«.[48] Die Titelseite zeigt einen Holzschnitt. Zu sehen ist eine Gesprächssituation. Ein in vollem Ornat gekleideter König spricht mit einem barfüßigen, ungekämmten Bauern. Die Gestik des Königs ist belehrend, die des Bauern unterstreicht offenbar seine Widerrede. Seine flach ausgestreckte Hand könnte sagen: was ich meine, das liegt auf der Hand.

Natalie Zemon Davies schildert die Gesprächssituation. König Salomon gibt hochmoralische Sprüche von sich, die der Bauer Marcolf mit einem saftigen Vers überbietet. »So bemerkt Salomon:

›Ob eine Stute Last
aus Silber oder Blei,

48 Hier zitiert nach: Natalie Zemon Davies, Spruchweisheiten und populäre Irrlehren. In: Richard von Dülmen und Norbert Schindler Hrsg., Volkskultur. Zur Wiederentdeckung des vergessenen Alltags (16.–20. Jahrhundert). Frankfurt a.M. 1984, 78ff.

das ist dem Tiere gleich!‹
Woraus Marcolf antwortet:
›Der Hure ist es gleich,
wer ihr Beschäler sei,
weil ihr ein jeder passt.‹«
(›Charge a iument Du Plomb ou argent Ne lui chault leque‹-
'Au putain ne chault Qui sui son cul fault Tout lux est un tel.«

Nehmen wir ein weiteres schönes Beispiel, das der italienische Historiker Carlo Ginzburg untersucht hat. Gegen Ende des 16. Jahrhunderts gerät der Müller Domenico Scanderello, genannt Menocchio aus Montereale, einem Bergdorf in der italienischen Landschaft Friaul, in die Mühlen der Inquisition, wird mehrere Male angeklagt, gefoltert und zum Schluss hingerichtet.[49]

Der Müller wurde von Mitbewohnern aus seinem Dorf angezeigt. Er hat Meinungen vertreten, die, wie er behauptet, aus seinem »subtilen Hirn« entstanden sind. Menocchio ist als Müller Angehöriger der dörflichen Unterschicht, gleichwohl relativ wohlhabend. Und – dies wird ihm zum Verhängnis – seine Mühle ist Ort der Öffentlichkeit und der Kommunikation im Dorf. Hier vertritt Menocchio seine Meinungen.

Carlo Ginzburg interpretiert die Inquisitionsprotokolle aus dem Prozess gegen Domenico Scandarello. Ihm geht es um die Frage: Lässt sich der Weg rekonstruieren, auf dem Menocchio zu seinen Anschauungen gekommen ist? Ginzburg zeigt, dass Menocchio die Messe besucht, außerdem einige

49 Vgl. zum Folgenden: Carlo Ginzburg, Der Käse und die Würmer. Die Welt eines Müllers um 1600. Frankfurt a.M. 1979.

Bücher aus der Hochkultur kennt – er kann lesen und schreiben. Er interpretiert allerdings die gottesdienstliche Liturgie, die Predigt, ebenso die Bücher auf eine »skrupellose Art«. Ginzburg ist an dem *geheimen Raster* interessiert, das die Interpretation des Müllers, *großenteils unbewusst*, strukturiert. »Wichtiger als der Text (dieser Bücher) erscheint … der Chiffreschlüssel beim Lesen, das Raster, das Menocchio unbewußt zwischen sich und den gedruckten Text legte: Ein Raster, das gewisse Abschnitte beleuchtete, während es andere verdeckte …, ein Raster, das auch die Erinnerung formte, bis hin zur Verzerrung des Wortlautes des Textes. Und dieses Raster, dieser Chiffreschlüssel, verweist stets auf eine Kultur, die sich von der unterscheidet, die auf den Seiten der Bücher zum Ausdruck kommt – eine *mündliche Kultur*.« Ginzburg hält die Ansichten und die Interpretationsweise des Müllers Menocchio keinesfalls für singulär, sondern für ein Indiz einer *alten, gesamteuropäisch wirksamen mündlichen Unterschichtskultur*, und zwar einer vornehmlich dörflich-bäuerlichen Unterschichtskultur. Welches sind nun die Ansichten Mennochios, welches die Strukturen, die das Interpretationsraster seiner Lektüre kennzeichnen?

Menocchio beschränkt Religion auf sittliches Handeln: Nächstenliebe ist wichtiger als Gottesliebe (diese Position teilt Menocchio übrigens mit nahezu allen häretischen Gruppen der vorausgegangenen Jahrhunderte). Beispielsweise erklärt Menocchio dem Inquisitor, dass Fluchen keine Sünde sei, »dieweil man nur sich selbst ein Übel antut und nicht dem Nächsten, so als wenn ich einen Reiserock hab, und ich will ihn zerreißen, tue ich nur mir selbst ein Übel an und nicht anderen, und ich glaub, dass wer dem Nächsten kein Übel antut, keine Sünde tut.«

Menocchio vertritt eine im Prinzip materialistische Kosmogonie, die ohne die Vorstellung eines Schöpfergottes und ohne eine klare Trennung zwischen Schöpfer und Geschöpf auskommt. Beispielsweise sagt Menocchio: »Ich habe gesagt, dass was meine Gedanken und meinen Glauben anlanget, alles ein Chaos war, nämlich Erd', Luft, Wasser und Feuer durcheinander. Und jener Wirbel wurde also eine Masse, gerade wie man den Käs in der Milch macht, und darinnen wurden Würm', und das waren die Engel. Und die allerheiligste Majestät wollte, dass das Gott und die Engel wären. Und unter dieser Zahl von Engeln, da war auch Gott, und der wurde zur selbigen Zeit erschaffen aus jener Masse, und er ward zum Herrn gemacht … Und dieser Gott machte dann Adam und Eva und das Volk in großer Meng, auf dass sie jene Sitze der ausgetriebenen Engel einnehmen sollten. Dieser Meng schickte er, dieweil sie Gottes Gebot nicht hielten, seinen Sohn, den die Juden ergriffen, und er wurde gekreuzigt.« An anderer Stelle erläutert Menocchio, dass die Entstehung der Welt in einer Selbstbewegung der Materie begründet sei.[50] Bei aller Variation in der Begrifflichkeit während des Inquisitionsverhörs bleibt die Weigerung Mecocchios konstant, die Schöpfung der Welt einer Gottheit zuzuschreiben.[51] Der Rekurs auf Alltagserfahrungen (Käse, Milch, Würmer) dient der Explikation und ist rein analogisch. Ginzburg urteilt: »Die Kosmogonie Menocchios war im Wesentlichen materialistisch und tendenziell wissenschaftlich.«[52]

50 Ebenda, 79ff.
51 Ebenda, 90.
52 Ebenda.

Ebenso wie Menocchio den Schöpfungsakt bestreitet, so hat auch die Vorstellung von einem Endgericht in seinem Weltbild keinen Platz. Er leugnet die Göttlichkeit Jesu Christi: Jesus war allein ein Mensch, kein Gott. Entsprechend den Strukturen seiner Erfahrungswelt stellt Menocchio sich Gott als einen Gutsherrn vor, als einen gütigen Vater, dem seine Kinder als tendenziell Gleiche gegenüberstehen. Sein Geschichtsbild ist patriarchalisch, sein Gesellschaftsbild egalitär. Aus diesen Vorstellungen speist sich die Herrschaftskritik Menocchios. Er greift vornehmlich die kirchliche, weniger die weltliche Obrigkeit an. Beispielsweise meint er: die Obrigkeit unterdrückt die Armen; Sakramente und Gottesdienste sind Kaufmannsware, von den Priestern zum Zweck der eigenen Bereicherung erfunden. Das Gesellschaftsbild Menocchios ist rein diesseitig, es gibt kein Endgericht, in dem alles zurechtgestellt werden könnte; *eine gute Gesellschaft wird vorgestellt als ein von Menschen herstellbarer egalitärer Zustand: »Eine neue Weise zu leben«*.

Ein weiteres Beispiel. Am 10. Dezember 1520, nachdem Luther unter Anwesenheit von Vertretern der Universität die Bannandrohungsbulle sowie kanonische Rechtsbücher feierlich verbrannt hat, inszenieren nachmittags etwa hundert Studenten ein Karnevalsumzug.[53] Sie bauen einen Fastnachtswagen, auf dem wie ein Segel eine riesige Papstbulle aufgezogen wird. Auf dem Wagen nehmen Studenten Platz, einer als Wagenlenker, einige als Musiker und andere als Ge-

53 Bob Scribner, Reformation, Karneval und die »verkehrte Welt«. In: Richard von Dülmen und Norbert Schindler Hrsg., Volkskultur …, a.a.O., 117ff.

lehrte verkleidet. Eine weitere Spottbulle ist auf das Schwert des Trompeters gespießt. Auf der Fahrt durch Wittenberg wird der Karren mit großem Hallo und Gelächter begrüßt. Die mitlaufenden Studenten sammeln Holz und werfen es auf den Wagen, samt Büchern von Gegnern Luthers wie Eck, Emser und Ochsenfahrt. Der Zug endet an der Stelle, wenn der Luther des morgens die Bannandrohungsbulle verbrannt hat. Hier entfachen die Studenten das Feuer von Neuem und werfen die Bullen und die Bücher hinein. Man zieht um das Feuer herum, singt ein Requiem, das Te Deum sowie das bekannte Lied »O du armer Judas«. Der Bischof von Brandenburg berichtet, ein Teilnehmer habe sich als Papst verkleidet und seine Tiara in die Flammen geworfen.

Die literarische Gestalt eines französischen Bauern liest moralisierende Sprüche einer Gestalt aus der Hochkultur auf verändernde Weise. Er produziert dabei einen neuen Vers: zotig, voller sexueller Anspielungen, von moralischen Tabus gegenüber der Benennung sexueller Akte offensichtlich ganz unbeschwert.

Ein Müller aus Friaul liest auf verändernde Weise einige Bücher der Hochkultur. Sein Leseraster wird strukturiert durch eine Kosmogonie, die ohne Schöpfungsakt, ohne Endgericht, ohne Gottheit Jesu Christi auskommt und die eine deutlich herrschaftskritische Spitze hat.

Studenten in Wittenberg parodieren den selbst schon karnevalesken Akt des Theologen und Universitätsprofessors Martin Luther und steigern ihn ins Groteske. Der Angriff auf Symbole der kirchlichen Hierarchie ist ebenso unübersehbar wie der Angriff auf gültige theologische Lehren und kultische Formen.

Drei Ereignisse aus einem Zeitraum von hundert. Jahren aus verschiedenen Orten Europas. Ihnen ist gemeinsam, dass hier unterschiedliche Lebenswelten und Kulturen aufeinandertreffen. Hochkultur und Volkskultur, schriftliche und mündliche Kultur, Menschen aus der Oberschicht und Menschen aus der Unterschicht. Die »Herren« und »der gemeine Mann«. Offenbar sind verschiedene Themenbereiche strittig: Sexualität. Die Stellung zu kirchlicher und politischer Herrschaft. Die angemessene Interpretation theologischer Themen und religiöser Rituale.

Wie ist die Interaktion zwischen beiden Welten zu charakterisieren? Missverständnisse? Parodien? Unbewusst oder bewusst verändernde Aneignung? Eine zufällige oder zwingenden Regeln folgende Umwandlung?

Kommen wir zu Zwickau. Über die Meinungen von Nicolaus Storch, einem der »Zwickauer Propheten« – es handelt sich dabei um einen Protagonisten eines Aufstandes der Zwickauer Tuchknappen im Jahr 1521 – liegt ein schriftliches Zeugnis eines Beinahe-Zeitgenossen vor. Marcus Wagner veröffentlicht 1597 einen »Einfeltigen Bericht: Wie durch Nicolaum Storchem die Auffruhr in Thüringen und umbliegende Revier angefangen sey worden etc.«[54]

Niklas Storch (oder Storck) habe sich gegen das Eheverlöbnis, ob kirchlich oder öffentlich, und gegen die lebenslange Ehe ausgesprochen. »Sondern ein jeglicher möge Weiber nemen, so offt es jnen im Fleisch ankeme vnd die Brunst

54 Erschienen Erfurt 1597, Bl. 11a ff. Zit nach: Paul Wappler, Thomas Müntzer in Zwickau und die »Zwickauer Propheten«. Gütersloh 1966.

sich regen würde vnd mit jnen seine Wüllkür nach in fleische vermischung leben.« – Es handelt sich offenbar um das schon von dem Bauern Marcolf her bekannte Muster: Storch setzt eine Form von Sexualität voraus beziehungsweise proklamiert sie, die von juristischen Eingrenzungen und moralischen Tabus unbeschwert ist. »Danebenher soll man alle Obrigkeit, beyde Gestlich und Weltlich, gantz und gar entweder jres Amts entsetzen oder aber mit dem Schwerdt tödten, als die nichts mehr thun, denn das sie in wollüsten leben, der armen Vnderthan Schweiß und Blut verzehren, fressen vnnd sauffen tag vnnd nacht, hetzen, jagen rennen und stechen vnnd allen zum höchsten beschwerlich seyn …«[55]

Die Kritik an der Obrigkeit ist hier schärfer und undifferenzierter als beispielsweise beim Müller Menocchio. Geistliche und weltliche Obrigkeit gleichermaßen trifft der Vorwurf der Nutzlosigkeit, des hemmungslosen Wohllebens und der Unterdrückung der Untertanen. Das arme Volk dagegen muss in äußerster Armut und in bedrückender Arbeitsbelastung das Leben fristen.[56] »Ihr aber, wenn jhr deß tages hitze und last getragen haben vnd allen fleiß angewendet, weisset man … in die garstige schmutzige Hofstuben, die von hundegestanck vnnd Reutterunflat sehr ubel reucht … vnd wenn man euch im Hof brödtlein gibet, so ist es mit kleyen, gersten und Habern dermassen durchknetet und gebacken vnd mit Schimmel bißweilen durchwachsen, daß, wenn es einer in das Maul nimpt, jhm fur der Speise eckelt, aber hunger lernet parlieren … Ir aber vber des, dass jhr grossen hunger und kummer deß tages vber tragen und leisten müsset, vnnd

55 Ebenda, 82.
56 Ebenda, 83f.

grossen Frondienst thun, alle jre (der Herren, HMG) Ecker helffen ähren, bestellen, sähen, eynsamblen die früchte, darauff im Sommer das hew mit saurem Schweiß machen vnd begatten vnnd allerley arbeyt, was sie euch heissen, verrichten ... sie sind hinder euch her vnnd treiben euch wol selbst wie das unvernünftige Vieh ... vnd schlagen euch bißweilen, daß das rodte Blut vber den Nacken laufft ...«

In den Meinungen des Niklas Storck sind die aus des Müllers Menocchio und des Bauern Marcolf bereits bekannten Elemente gebündelt, verdichtet und radikalisiert. Der Angriff auf die gültigen Regeln, nach denen Sexualität und Familie sich auszurichten haben, und gegen die weltliche und kirchliche Obrigkeit ist hier noch überboten durch ein sozialkritisches Pathos, das auf eine Veränderung der Lebensbedingungen der ländlichen Arbeitsbevölkerung hinzielt.

Was können wir wissen über Menschen aus dem sozialen und kulturellen Lebenszusammenhang, dem Marcolf, Menoocchio und Storch entstammen? Das Problem ist, dass sich Menschen aus der Volkskultur des Spätmittelalters und der frühen Neuzeit kaum einmal schriftlich geäußert haben. Der Müller Menocchio ist ein Glücksfall. Über seine Äußerungen liegen schriftliche Zeugnisse vor. Der Bauer Marcolf ist selbst eine literarische Figur. Die Zwickauer Propheten gehören selbst nicht zur städtischen Unterschicht. Sie sind des Lesens und Schreibens kundig. Nikolaus Storck ist ein sozial deklassierter Patrizier. Die »Zwölf Artikel« der aufständischen Bauern 1525 wurden vom schriftkundigen Pfarrer Schappeler zumindest mitverfasst.

Ich erinnere an die bereits genannte These von Peter Burke, dem Verfasser des Standardwerkes über die Volkskultur dieser Epoche. Im Mittelalter bis ins 16. Jahrhundert hinein habe ein enger Austausch zwischen nicht schriftlicher Volkskultur und schriftlicher gebildeter Hochkultur vorgeherrscht. Es habe in Europa zu Beginn der Neuzeit zwei kulturelle Überlieferungen gegeben. Im Gegensatz zur Hochkultur ist die Volkskultur nicht an eine Vermittlung durch Bildungsinstitutionen und durch schriftliche Fixierung gebunden. Ihre Äußerungsformen wurden informell weitergegeben und waren allen zugänglich »wie die Kirche, das Gasthaus und der Marktplatz«. Gemeinsam mit Carlo Ginzburg und anderen Volkskulturforschern vertritt Burke die Ansicht: Der Bruch zwischen Hochkultur und Volkskultur, die Zentralisierung, Domestizierung und tendenzielle Vernichtung der Volkskultur ist erst das Werk und Ergebnis von Reformation und Gegenreformation.[57] Auch Gestalten wie Schappeler und Storch stehen im Anfang für eine Periode, in der die Verbindung zwischen Hoch-und Volkskultur noch nicht abgerissen ist.

Robert Muchembled schreibt in »Kultur des Volkes – Kultur der Eliten«: »In einen erbittert geführten Kampf um die kulturelle Hegemonie, der am Ende des Mittelalters begann und bis in die Gegenwart hineinreicht, wurde die Volkskultur zerstört und hat, wie alle Besiegten, nur wenige Spuren hinterlassen ... Das Weltbild des niederen Volkes wurde in einem Prozess, der sich über vier Jahrhunderte hinzog, gewaltsam zurückgedrängt und abgewertet.«[58] Dennoch lassen sich Spuren dieser Lebenswelt rekonstruieren.[59]

57 Peter Burke, a.a.O., 41.
58 Robert Muchembled, Kultur des Volkes – Kultur der Eliten. Die Geschichte einer erfolgreichen Verdrängung. Stuttgart 1982, 11.
59 Neben der bereits genannten Literatur vgl. z.B.: Gerhard Huck Hrsg., Sozialgeschichte der Freizeit. Untersuchungen zum Wan-

Züge des Weltbildes der mittelalterlich-frühneuzeitlichen Volkskultur

Der menschliche Körper ist Zentrum dieses Weltbildes. Vorgänge außerhalb des Körpers werden in Analogie zu körperlichen Vorgängen interpretiert.[60] Die Vorstellung des Raumes ist zentripetal und auf den jeweiligen Lebensort hin segmentiert. Die Zeitvorstellung ist zyklisch und nicht linear. Eine besondere Rolle spielen die Jugend, die Toten und die Frauen als Trägerinnen des Volkswissens. Treffpunkte vor allem der alten Frauen und der Jugend wie z.B. die Spinnstube sind die Orte, in denen sich die Lebensformen der Volkskultur manifestieren.

Bekannt erscheint der Raum in einem Umkreis von zehn bis zwanzig Kilometern, alles, was in einem Tagesmarsch erreichbar ist. Dahinter ist die Welt fremd und bedrohlich. Sie wird von übernatürlichen Kräften, von Räubern und wilden Tieren bevölkert. Ein unüberschaubares Randgebiet, das man unruhigen Herzens durchwandert, wo einem kein Verwandter zu Hilfe kommen kann und wo man allen Schrecknissen der Zeit schutzlos ausgeliefert ist.

Dem segmentierten Raum entspricht die zyklische Zeiterfahrung. Neben und unter dem Zyklus christlicher Feiertage, der die Arbeit strukturiert und immer wieder unterbricht,

---

del der Alltagskultur in Deutschland. Darin: Hans Medick, Spinnstuben auf dem Dorf. Jugendliche Sexualkultur und Feierabendbrauch in der ländlichen Gesellschaft der frühen Neuzeit. 19ff. Sowie: Otto Borst, Alltagsleben im Mittelalter. Frankfurt a.M. 1983.

60 Muchembled, a.a.O., 63ff.

liegt ein anderer, von der Geistlichkeit als »Aberglaube« angeprangerter Zyklus: Im 15. und 16. Jahrhundert haben sechs Festzyklen – die Karnevals- und Fastenzeit, die Maifeste, St. Johannis, Mariae Himmelfahrt, Allerheiligen und die Rauhnächte – durchaus ambivalenten, sowohl christlichen als auch heidnischen Charakter. Muchembled wertet es gerade als charakteristisch für die volkskulturelle Zeiterfahrung, dass ein Unterschied zwischen christlich und heidnisch ebenso wenig gemacht wurde wie der zwischen heilig und profan. Die Leute wenden sich an die Heiligen, genauso wie sie sich an die »Hexen« und »Hexer« wenden. Entscheidend sind nicht die jeweiligen Inhalte, sondern die Struktur der Zeiterfahrung: Eine Zeiterfahrung nämlich, die eng an die körperlichen Rhythmen des Wachens und des Schlafens, des Arbeitens und Ausruhens, der Arbeits- und der Festzeiten gebunden ist.

Magische Praktiken dienen der Bemächtigung ebenso der natürlichen wie der sozialen Umwelt. Charakteristisch für die Gestalt der magischen Praktiken ist die tendenzielle Ungeschiedenheit der Erfahrung des eigenen Körpers und der natürlich-sozialen Umwelt. Es gibt selbst auf dieser rudimentären Stufe keine klare Trennung zwischen innen und außen. Alles hängt mit allem zusammen. Deshalb kann eine körperliche Handlung ein Gewitter hervorrufen, deshalb kann sich ein Vorgang gleichzeitig in der Außenwelt und im menschlichen Körper abspielen. Besonders die Verbindungen zwischen Körper und natürlich-sozialer Umwelt sind für die magischen Praktiken bedeutsam: Die Körperöffnungen, durch die – als Nahrung, Luft, Genitalsekrete – das Gute, aber auch das Böse in den Körper hineingelangt; auch als böses oder gutes Wort, böser oder guter Blick usw. – Vorgänge in der Außenwelt können durch Vorgänge und Praktiken im Innern der Körpergrenzen in gutem oder schlechtem Sinne beeinflusst werden.

Die innere Logik der magischen Praktiken liegt, so zeigt Muchembled, in der Annahme, dass Gleiches von Gleichem angezogen werde oder aber, dass eine Erscheinung ein ihr entgegengesetztes Phänomen bewirke. Er nennt einige Beispiele aus einem volkstümlichen Text mit dem Titel: »Das Evangelium der Spinnstuben«: »Krankheit und Tod sind nicht natürlich, sondern werden von bösen Mächten hervorgerufen, die in den Körper eindringen. Diese kann man aber durch Beachtung von Tabus fernhalten: Will man sich vor der Werre oder dem Gerstenkorn schützen, uriniere man nicht zwischen zwei Häuser oder gegen die Sonne ... Um nicht eines Tages am Schlagfluss oder an Harngrieß zu erkranken, uriniere man nicht gegen ein Mönchskloster ... Uriniert man gegen eine Kirche, so verliert das am Sonntag empfangene Weihwasser für den Rest der Woche seine Wirkung gegen den Donner. Um nicht vom Aussatz befallen zu werden, grüße man mit leerem Bauch keinen Aussätzigen und uriniere man nicht gegen eine Mauer, gegen die ein Aussätziger uriniert hat ... Diese Verbote verhindern, dass Gleiches (die Sonne, ein Aussätziger) Gleiches (die Werre, den Aussatz) bewirkt. Bestimmten Orten wohnen besondere Kräfte inne, die schädlich sein können, dem Friedhof, der Kirche und schließlich dem Kloster mit den fetten Mönchen, die zu Schlagfluss und Harngrieß neigen. Der Urin ist die Verbindung zwischen innen und außen und damit ein möglicher Weg der Ansteckung.«[61]

61 Ebd., S.74.

Hinter den auf den ersten Blick etwas kruden Regeln magischer Praxis steht eine rekonstruierbare Logik. Es geht bei den beschriebenen Praktiken eines magischen Weltverhältnisses um das Verhältnis zwischen Innen und Außen, zwischen Gleichem und Gleichem, bzw. zwischen Gleichem und Fremden. Der Körper mit seinen Körpergrenzen, aber auch den Öffnungen und Flüssen von innen nach außen, außen nach innen, scheint das eigentliche Modell zu sein, dem sich auch die Logik des Raumes und der Zeit verdankt, wie sie als Dimensionen der volkskulturellen Lebenswelt wirksam werden: Es geht um eine Zentrierung im Hier und jetzt, das seinen zentralen Bezugspunkt im menschlichen Körper mit seinen Raumgrenzen und Zeitrhythmen findet.

Lebensformen und Vorstellungen in den Bereichen Sexualität und Familie, im Verhältnis zur Autorität der kirchlichen und politischen Obrigkeit, im Verhältnis zu Besitz und Arbeit sind in der Volkskultur signifikant anders als in der Hochkultur. Theologische Vorstellungen und religiöse Riten werden hier signifikant anders verstanden. Vorstellungen eines »Innen« und »Außen« werden in den kulturellen Traditionen und Lebenswelten anders zugeordnet. Von ihrer Weise zu leben her ist den aufständischen Bauern ebenso wie den rebellischen städtischen Unterschichten nicht verstehbar, dass »Gerechtigkeit« und »Freiheit« nur in einem inneren seelischen Raum herrschen können sollen, während der soziale, ökonomische, politische Raum von Ungerechtigkeit und Unfreiheit bestimmt bleibt. *Umgekehrt ist für Martin Luther und die Anführer der reformatorischen Bewegung offenbar nicht verstehbar, warum die aufständischen ländlichen und städtischen Unterschichten das Konzept einer »inneren« christlichen Freiheit nicht verstehen können. Ich halte das für ein tragischen Nichtver-*

stehen mit fatalen Folgen weit über den Tag hinaus. Das heißt: Es handelt sich nicht um theologische oder politisch-strategische Meinungsverschiedenheiten, die sich bei gutem Willen hätten klären lassen.

Es ging offenbar nicht.

Meine Hypothese ist: Wenn die aufständischen Bauern im großen deutschen Bauernkrieg den Begriff der »christlichen Freiheit und Gerechtigkeit« aus der reformatorischen Bewegung aufnehmen, so bilden die Lebensbedingungen, die Vorstellungen, die gesamte Lebenswelt der Volkskultur das Raster, das eine verändernde Interpretation der reformatorischen Kampfbegriffe steuert. Zwei Aspekte möchte ich auf der Basis des bisher Gesagten unterstreichen: Äußerungen wie des Zwickauer Propheten Nicolaus Storch und des Memminger Pfarrers Schappeler lassen sich als Äußerungsformen der Volkskultur interpretieren, selbst wenn diese Personen der mündlichen Volkskultur nicht ausschließlich zugehören. Und ein zweites: Die Person des Nicolaus Storch, der zuerst in einem städtischen Aufstand und darauf im Thüringer Bauernaufstand aktiv wird, zeigt, dass die Übergänge zwischen ländlicher und städtischer Volkskultur fließend waren. Dies entspricht den zitierten Untersuchungen zur populären Volkskultur des Spätmittelalters und der frühen Neuzeit.

Eine weitere Wahrnehmung ist spannend. Ich werde sie im Folgenden entfalten. Was Burke und Ginzburg über einen Prozess äußern, der sich im Zusammenhang von Reformation und Gegenreformation über Jahrzehnte und Jahrhunderte erstreckt, entfaltet sich am Beginn der reformatorischen Bewegung im Kleinen wie im Zeitraffer. Am Anfang besteht ein Kontakt. Es gibt wechselseitiges Interesse, auch *Verstehensbereitschaft zwischen beiden Kulturen. Im weiteren Verlauf verschwindet sie vollständig – bis hin zu wechselseitigen Gewaltphantasien und Gewaltorgien.*[62] Die Auseinandersetzung zwischen Melanchthon und Amsdorf auf der einen Seite und den »Zwickauer Propheten« auf der anderen fallen in eine frühe Phase der reformatorischen Bewegung, in der der Bruch zwischen der evangelischen Seite und der aufständischen Volksbewegung noch nicht so offenkundig ist wie Jahre später im Bauernkrieg.

62 Ein ähnlicher Prozess lässt sich in Luthers Verhältnis zu den Juden zeigen – hier gehen zunehmende Gewaltphantasien und Gewaltbereitschaft allerdings einseitig von Luther aus. Ein furchtbares Kapitel der Reformationsgeschichte, das gerade heute nicht verdrängt werden darf. Vgl. dazu beispielsweise: Thomas Kaufmann, Luthers Judenschriften. Ein Beitrag zu ihrer historischen Kontextualisierung. Tübingen, 2. Auflage 2013.

Von Verunsicherung und Faszination zu Verwerfung und Gewalt – tragische Ver-Gegnungen

In der Frühphase der Reformation gibt es zahlreiche Belege dafür, dass auch die Reformatoren an der intensiven Kommunikation zwischen Hochkultur und Volkskultur Anteil hatten. In der Frühphase der Reformation sind die Urteile noch nicht in allen Richtungen festgelegt. Es gibt noch Offenheiten und Uneindeutigkeiten. Die Verurteilung der »Schwärmer« durch Luther und andere Reformatoren, später mit großer Brutalität durchgesetzt, ist anfangs noch nicht radikal ausgesprochen worden. Im Beginn der Reformation ist noch eine Ambivalenz zwischen Faszination und Abwehr spürbar; die Abgrenzung wird den Sieg davontragen.

Als die »Zwickauer Propheten« Nicolaus Storch, Thomas Drechsel und Marcus Thomae, als Sohn eines Badestubenbesitzers aus dem Vogtland auch »Stübner« genannt, in den Weihnachtstagen 1521 in Wittenberg eintreffen versetzen sie die Bevölkerung in Wallung.[63] »Ihr eigenartiges, aber höchst selbstbewusstes Auftreten, die hohen Offenbarungen, von denen sie kündeten, Storchs und Stübners außerordentliche Schriftkenntnis, alles das musste jetzt in Wittenberg die ohnedies schon sehr hoch gehende religiöse Erregung noch um ein ganz Bedeutenderes steigern.« Am 27. Dezember treffen die drei in der Wohnung von Melanchton ein. Der abgebrochene Theologiestudent Stübner kennt ihn noch von einer

63 Paul Wappler, Thomas Müntzer in Zwickau und die »Zwickauer Propheten«. Gütersloh 1966, 58.

Disputation ein halbes Jahr früher. Gesprächsthema ist das Problem der Kindertaufe. Die Zwickauer bestreiten, dass der Glaube der Paten den Kindern bei der Taufe anstelle einer eigenen Glaubensentscheidung angerechnet werden kann. Außerdem erzählen sie von vertrauten Gesprächen mit Gott und den Engeln und von ihrer Fähigkeit, die Zukunft vorhersagen zu können. Nachdem die beiden anderen gegangen sind, berichtet Stübner dem Melanchthon weiterhin über seine Gespräche mit Gott.

Melanchton ist hoch betroffen. Bei der Disputation vor einem Jahr war von solchen göttlichen Gesprächen noch nicht die Rede. Er gesteht jedoch ein, dass er Stübers Schriftkenntnis unterlegen sei. In einem Bericht, der ein paar Tage später über dieses Gespräch abgefasst wurde heißt es:[64] »Adcessit nos praeterea vir quidam (Stübner, HMG) plurumi Spiritus adeoque scripturae sacrae exercitatissimus, ut vel Melanchthon ei sufficere nequeat.« Auch Armsdorf, bei einem späteren Gespräch hinzugezogen, ist von den Zwickauer zunächst überwältigt. In einem Brief an den Kurfürsten, der über Spalatin weitergeleitet wird, schlägt Melanchthon ein Gespräch zwischen Luther und den Propheten vor. »Es sei Geist in diesen Menschen, möge er nun sein, wie er sei, und große Dinge regten sich, von denen man nicht wüsste, wohin sie führten, wenn nicht Luther sich ins Mittel schlage.«[65] Erst nach einem Gespräch zwischen Melanchthon, Amsdorf und dem Kurfürsten, bei dem Friedrich eindeutig gegen die Zwickauer interveniert, ändern auch die Reformatoren ihre

64 Brief des Felix Ulscenius an Capito vom 1. Januar 1522. Zitiert nach: Wappler, a.a.O., 59.

65 Ebenda, 60.

Ansicht. Von nun an nehmen die Wittenberger eindeutig und immer schärfer gegen das Wirken der »Zwickauer Propheten« Stellung.

In der frühen Phase der Reformation sind die Urteile noch nicht in allen Richtungen festgelegt. Es gibt noch Offenheiten und Uneindeutigkeiten. Faszination auf der einen Seite, Abwehr und Ablehnung auf der anderen. Die Abgrenzung trägt den Sieg davon.

Sehen wir auf den historisch-gesellschaftlichen Kontext. Bereits Ende des 15. Jahrhunderts ziehen Zehntausende von Waldensern durch Sachsen, Thüringen und Meißen.[66] Sie lehnen äußeren Zwang in Glaubensangelegenheiten ab und fordern Gleichheit in der Gemeinde. Sie betonen Nächstenliebe als praktischen Ausdruck des Glaubens. Sie fassen insbesondere in den unteren Schichten Zwickaus Fuß. Noch im 15. Jahrhundert dringen taboritische Ideen in Meißen und im Vogtland ein. Ihre Parolen fördern Gütergemeinschaft, Aufhebung des Standesunterschiede, Befreiung von der Abhängigkeit von Familie und Ehe. Diese Ideen werden insbesondere im niederen Bürgerstand, bei Handwerkern und Lohnarbeitern verbreitet. Auch Thomas Müntzer, auf Empfehlung Martin Luthers Mitte bei 1520 nach Zwickau gekommen,[67] findet mit seiner von mystischen Einflüssen bestimmten Predigt besonders in diesen Schichten Zuspruch. Müntzer lehrt die Armen, dass das Kreuz unumgängliche Voraussetzung des wahren Christenstandes ist. Keiner kann Christ sein, der nicht durch sein Kreuz empfindlich wird, Gottes Wort und Werk zu erwarten. Um dies zu erreichen, muss der Mensch

66 Paul Wappler, Thomas Müntzer, a.a.O., 157.
67 Paul Wappler, a.a.O., 20.

einen seelischen Prozess durchmachen, der mit der »Entgröbung«, dem Abtun sinnlicher Werke des Fleisches einsetzt und der über mehrere Stationen in die »Langeweile« und Studierung einmündet und schließlich mit der Abtötung allen Empfindens und Wollens endet.[68]

Thomas Müntzer teilt in seiner Mystik mit anderen Mystiker_innen die Symbolik des Weges, der Reise. Wer sich auf diese Reise begibt, wird sich zuerst von wichtigen Dimensionen seines bisherigen Lebens trennen, besser: befreien. Die stärker politisch orientierte Mystik Thomas Müntzers kennt diesen Dreischritt: Staunen – das Unselbstverständlichwerden alles dessen, was bisher vertraut schien – Loslassen (dies entspricht dem Schritt der »Reinigung« in anderen Mystik-Konzeptionen) und: – Widerstehen.

1521 kommt es in Zwickau, der größten und entwickeltsten Stadt im ernestinischen Sachsen, zu einem Aufstand der Tuchknappen. Thomas Müntzer, zunächst als Prediger nach Zwickau berufen, dann aber wegen seiner mystisch-apokalyptischen Predigt, seinem harschen Angriff auf die Obrigkeit und seiner Tätigkeit in »Konventikeln« der städtischen Unterschichten, besonders der Tuchknappen, bei den übrigen Predigern und bald auch beim Rat der Stadt in Ungnade gefallen, soll aus der Stadt vertrieben werden. Daraufhin bricht ein offener Aufstand los.[69] Es »rotteten sich … insgeheim, unter dem Vorgeben, Magister Thomas das Geleit geben zu wollen, die Tuchknappen unter der Anfüh-

68 Eine geniale literarische Rekonstruktion der Gestalt Thomas Müntzers und seiner Rolle im Bauernkrieg findet sich bei: Eric Vuillard, Der Krieg der Armen. Berlin 2020.

69 Paul Wappler, Thomas Müntzer …, a.a.O., 60.

rung von Hans von der Freystadt und verschiedene andere im Hause des Stadtschreibers Burghard …, mit allerlei Waffen versehen, zusammen, und es entstand ein heftiger Tumult, ja man hätte wohl alle, die man für Müntzers Absetzung verantwortlich machte, erschlagen, wenn nicht noch rechtzeitig der Amtshauptmann zusammen mit dem Rate solches verhindert hätte. Nicht weniger als 56 Tuchknappen werden verhaftet.« Nach Müntzers Vertreibung übernehmen die Laien Nicolaus Storch und Hans von der Freystadt die Führung der Konventikel. Es kommt zu weiteren Unruhen.[70]

Storch arbeitet eng mit Müntzer zusammen. Als »Winkelprediger« unter den Zwickauer Tuchknappen gewinnt er schnell Einfluss. In seinen Predigten steht, angefacht durch den Siegeszug der Türken in Europa, die apokalyptische Erwartung eines unmittelbar bevorstehenden Weltendes im Zentrum. Eine neue Weltzeit wird anbrechen, in der die »Reinen« zur Herrschaft kommen werden, die jetzt unterdrückt sind. Oben und unten werden umgekehrt. Die Zwickauer Propheten rechnen damit, dass sie selbst es sind, die den Weltsturm entfachen. Dies motiviert ihre Angriffe auf die kirchliche Obrigkeit, insbesondere auf die persönliche Unwürdigkeit der Amtsträger und auf die Symbole, die die

70 Thomas Müntzers weiterer Weg führt ihn – über Prag, Jena, Allstedt – Ende 1524 ins thüringische Mühlhausen. Mühlhausen wird 1525 zu einem Zentrum des Bauernkrieges. In der Schlacht bei Frankenhausen und mit der Hinrichtung Müntzers findet die Erhebung schnell ein blutiges Ende. Vgl. zu Müntzers Geschichte auch: Thomas T. Müller, Mörder ohne Opfer. Die Reichsstadt Mühlhausen und der Bauernkrieg in Thüringen. Imhof Petersberg 2021. Müller untersucht Quellen über tatsächliche Opfer der »mörderischen Rotten« der Bauern und kann hier grassierende Legendenbildung dekonstruieren.

Kirche repräsentieren, insbesondere Wort und Sakrament. Frauen haben bei den Zwickauern eine starke Stellung. Sie treten beispielsweise als Predigerinnen auf.

Im Denken der Zwickauer Propheten haben die menschlichen *Sinne* und ihre *Sinnlichkeit* einen zentralen Platz, auch im Gottesverhältnis. Gott wird, so ist ihre Meinung, nicht durch dogmatische Reflexion erfahrbar, sondern nur über die Vermittlung sinnlicher Sensationen. »neminem Deo dignum, nisi qui visione deum aut oculis viderit, aut auribus audiverit, aut corde senserit etc.«[71] Gott wird mit Augen gesehen, mit Ohren gehört, mit dem Herzen gefühlt. Mit Gott ist eine unmittelbare, sinnlich vermittelte Begegnung möglich. Mit diesem Meinungen erreichen sie das Lebensgefühl der städtischen Unterschichten. Auf diese Weise können sie in Zwickau und binnen weniger Tage auch in Wittenberg Fuß fassen.

Die Betonung sinnlicher Erfahrung im Gottesverhältnis bei den Zwickauer Propheten kann m.E. nicht zureichend als theologisches Programm interpretiert werden, etwa indem nach der Rezeption mystischer Vorstellungen gefragt wird. Vielmehr muss nach einem Zusammenhang zu einer mündlichen Volkskultur gefragt werden, in der Schrift, auch die Heilige Schrift der Bibel, nicht die gleiche Rolle spielen kann wie in der gebildeten Hochkultur, in der akademische theologische Disputationen ihren Ort haben. *Wenn das Fühlen, das Sehen, das Hören gegen das dogmatische theologische Denken in Anschlag gebracht wird, so lässt dies auf eine Strukturdifferenz in den Erfahrungsmöglichkeit schließen, die an den Gegensatz zwischen Volkskultur und Hochkultur gebunden ist.* Die starke

71 Johan Agricola Rausch, zit nach Paul Wappler, a.a.O., 47.

Stellung von Frauen bei den Zwickauer Propheten weist auf einen kulturellen Lebenszusammenhang hin, in dem Frauen als Trägerinnen des Volkswissens, als weise Frauen in den Dörfern, als Kristallisationspunkte der Kommunikation an öffentlichen Orten wie den Spinnstuben eine zentrale Rolle innehaben. Und schließlich: Die Akzeptanz eines apokalyptischen Weltbildes bei den städtischen Unterschichten, das mit dem baldigen Ende der Welt und mit einer Umkehrung der jetzigen Gewaltverhältnisse rechnet, weist auf ein Lebensgefühl hin, das sich auf die Formel bringen ließe: Unser Leben ist unerträglich, alles muss anders werden.

Die anfängliche Unsicherheit Melanchthons und Amsdorfs, die Meinungen von Storch, Stübner und Thomae zu verurteilen, deutet auf Berührungspunkte in den Vorstellungen. Die Vorstellung, es sei eine besondere Legitimation durch Zeichen und Wunder Gottes möglich, ist auch Luther nicht fremd. Genau dies ist das einschränkende Element in seinem Angriff auf die Bauern: Er sagt, die Bauern könnten sich in ihrem Aufstand auf den christlichen Namen nicht berufen, es sei denn, sie brächten Zeichen und Wunder Gottes bei, die sie hierzu legitimierten. Ein weiterer Berührungspunkt liegt darin, dass auch Luther eine Identität der empirischen Kirche mit der wahren Kirche Jesu Christi bestreitet. Auch Luther greift die kirchliche Obrigkeit an, auch für ihn ist der römische Papst Ausbund der widergöttlichen Macht des Teufels.[72] Ebenso offenkundig sind jedoch auch die Differenzen. Sie sind unüberbrückbar in der Frage, welche Bedeutung Wort und Sakrament für die Kirche haben; in der Bewertung

72 WA2, 66ff. und öfter.

des Stellenwertes apokalyptischer Visionen gegenüber der Schrift und gegenüber dem gepredigten Wort; in der Radikalität der Sozialkritik. Und vor allem in der Vorstellung, eine »innere« Freiheit könne unabhängig von äußerer Unfreiheit gelebt werden, bis hin zur Leibeigenschaft.[73]

Ich halte diese kulturelle Differenz für die Interpretation des unaufhebbaren Nichtverstehens zwischen Luther und der Bauern im Bauernkrieg für zentral. Die Bauern verteidigen nicht nur ihre ökonomischen und politischen Rechte. Sondern es geht bei dem Streit mit Luther um das, was »evangelische Freiheit« ist, zugleich um den Gegensatz zweier fundamental unterschiedlicher »Weisen zu leben«. *Die Bauern leben in einer kulturellen Lebenswelt, in der die Unterscheidung zwischen »innerer« Freiheit und »äußerer« Freiheit, wie sie Luther fordert, offenbar eine nicht nachvollziehbare Unterscheidung ist.* Denn diese Unterscheidung hat eine Veränderung im menschlichen Charaktertypus zur Voraussetzung, die sich in der Reformationszeit erst in den adligen Oberschichten und im Bürgertum, nicht jedoch in der dörflichen Lebenswelt und in den städtischen Unterschichten durchzusetzen beginnt.

Wenn Luther das, was für christliche Freiheit entscheidend ist, im »Innern« des Menschen ansiedelt – im Glauben, auf der Ebene der Einstellung, nicht im Verhalten, nicht in

73 In der Interpretation und Bewertung dieser Differenzen kann m.E. die von Ernst Troeltsch entwickelte kategoriale Unterscheidung zwischen »Kirche« und »Sekte« nicht in Anschlag gebracht werden, da in der frühen Reformationszeit institutionelle Gültigkeiten überhaupt in Auflösung begriffen sind und, zumindest aus Sicht Roms, auch die reformatorischen Aufbrüche nichts anderes sind als Sekten – wenn es denn diese Unterscheidung schon gegeben hätte. Vgl. Ernst Troeltsch, Die Soziallehren der christlichen Kirchen und Gruppen. Tübingen, 3. Auflage 1923.

den ökonomischen und politischen Lebensbedingungen – dann setzt er *diesen* menschlichen Charaktertypus voraus. Eine solche Unterscheidung zwischen innerer, eigentlicher und äußerlicher, fleischlicher Freiheit können Menschen, die der Lebenswelt der bäuerlichen und städtischen Volkskultur angehören, nicht verstehen, und zwar in fundamentalem Sinne nicht verstehen. Kein theologisches Gespräch könnte die Schwierigkeit lösen.

Es handelt sich in dem Kommunikationsabbruch zwischen Luther und den Bauern um den Konflikt zweier fundamental unterschiedlicher »Weisen zu leben«. Um einen Konflikt zwischen innengeleitetem und außengeleitetem menschlichen Charaktertypus, um einen Konflikt zwischen schriftlicher Hochkultur und mündlicher Volkskultur – in einer Zeit, als die Kultur des Volkes nicht mehr neben der Hochkultur bestehen kann, sondern immer stärker zum Gegenstand der Erziehung, der Unterwerfung, schließlich der Vernichtung wird.

Soziale Differenzierungsprozesse

Zudem entwickeln sich im Zeitalter der Reformation massive soziale Differenzierungsprozesse. Mit der Goldenen Bulle von 1356 werden die Eigentumsverhältnisse im Bergbau neu geregelt.[74] Von nun an sind nicht mehr die Grundeigentümer automatisch auch Eigentümer der Bergwerke und ihrer Erträge. Vielmehr wird das Bergwerkseigentum in sogenannte »Kuxe« aufgeteilt - ein Kux ist der 128. Teil eines Bergwerkes. Kuxe können auch von Leuten erworben werden, die selbst nicht im Bergwerk arbeiten. Damit sind im Keim bereits frühkapitalistische Verhältnisse entstanden. Im Bergbau werden nun die Abhängigkeitsverhältnisse zwischen den Menschen nicht mehr qua Grundherrschaft, sondern qua Geld geregelt. Auf der einen Seite können Kaufleute, Stadträte, Klöster, Grundherren und Fürsten Kuxe erwerben, auf der anderen Seite entsteht eine Lohnarbeiterschaft, die selbst an ihren Arbeitsbedingungen im Bergwerk kein Eigentum besitzt.

Im sächsischen Bergbau ist Kapital aus allen Gebieten Deutschlands engagiert: So im Buchholzer Bergbau um 1500 Kuxeigentümer aus Leipzig, Nürnberg, Nauenburg und Eisleben, in Herrmannsdorf/Annaberg um 1515 Kuxeigentümer aus Lübeck und Hamburg. Die Entwicklung führt zu einer Neustrukturierung der Produktionsverhältnisse.

Der Bergbau jener Jahrzehnte um 1500 hat das Siedlungsgebiet weiter Landstriche völlig verändert, hat das Schwer-

74 Vgl. zum folgenden: H. Bechtel, Wirtschafts- und Sozialgeschichte Deutschlands, 158f.; K. Blaschke, Sachsen im Zeitalter der Reformation, 39.

gewicht der Bevölkerung in das Gebirge hinein verschoben und die heute noch vorherrschende Industrialisierung dieser sächsischen Landschaften hervorgerufen. Schon seit dem 12. Jahrhundert wird in Sachsen in Freiberg/Dippoldberge und in Meißen Silber abgebaut. Ab Mitte des 15. Jahrhunderts kommt es dann zu einer explosionsartigen Entwicklung. 1440 beginnt der Zinnbergbau in Altenberg und Geising, 1446 die Schneeberger Silberausbeute. »... In wilder Hast, wie man es noch an der unregelmäßigen Stadtanlage ablesen kann«[75], entstehen neue Ortschaften: 1496 die größte städtische Neugründung jener Zeit, St. Annaberg; 1500 Brand bei Freiberg; 1501 Buchholz; 1513 Hohenstein; 1521 Marienberg. Ehemalige Dörfer wachsen durch den Bergbau zu Städten: Ehrenfriedensdorf, Geyer, Langefeld und Thun. Es müssen damals riesige Menschenmassen in Bewegung geraten sein, die dem Silber nachjagten, wo es nur immer neu entdeckt worden war, und die eine neue Bergstadt innerhalb weniger Jahre auf Einwohnerzahlen von mehreren Tausend brachten, so dass Annaberg zeitweise etwa 5000 Einwohner besaß, mehr als die alte Handelsstadt Leipzig. Und diese Menschenmassen saßen nicht fest. Sie waren ein bewegliches Volk, das beim Nachlassen des Bergsegens an dem einen Ort sogleich wieder weiterzog, wenn sich an anderer Stelle neue Silberadern gezeigt hatten. Die Einwohnerzahl Zwickaus verdoppelte sich binnen 70 Jahren zwischen 1460 und 1530.

Welche Bedeutung hat dies für die betroffenen Menschen? Zumindest wohl diese: Menschenmassen großen Ausmaßes verlassen ihre angestammten feudalen und regionalen Bindungen. Innerhalb kürzester Frist entstehen neue

75 K. Blaschke, a.a.O., 39.

Strukturen: Arbeitsverhältnisse werden nicht mehr durch feudale Schutz- und Abhängigkeitsbeziehungen bestimmt, sondern qua Geld als Beziehung zwischen Kapitalbesitzern und Lohnarbeitern. In den neu entstehenden Ortschaften können sich die Strukturen des Zusammenlebens nicht mehr organisch über Jahrhunderte entwickeln, sondern müssen binnen kürzester Frist neu gesetzt werden. Menschen werden massenhaft individualisiert. Sie verlieren die Einbindung in Dienst- und Verpflichtungsverhältnisse, die aber auch immer einen regelmäßigen Lebenszusammenhang, Sicherheit und Schutz bedeuten. Sie werden zugleich in bisher nicht gekanntem Ausmaße auf nicht organische Weise kollektiviert, Damit entsteht im Zusammenhang mit der Entwicklung des Bergbaus schon im Sachsen des frühen 16. Jahrhunderts »Bevölkerung« im Sinne einer nicht mehr organisch gewachsenen und strukturierten, sondern diffusen Masse von Menschen. Es entsteht ein Zwang zur Anpassung an relativ zufällige Nachbarn, Aggregate, Kontakte.

Typisch für die Entwicklung in vielen Städten in dieser Epoche ist eine zunehmende *soziale Polarisierung*. Die Entwicklung in Zwickau steht hierfür beispielhaft. Im Zuge der Verbindung von Zwickauer Tuchmachermeistern und dem Schneeberger Silberbergbau kommt es zu einem Prozess eines radikalen Auseinanderdriftens sozialer Lebensmöglichkeiten. Bis Mitte des 15. Jahrhunderts unterscheiden sich die Einkommen der einzelnen Bürger nicht wesentlich. Namentlich seit der Beteiligung von Zwickauer Gewerken an der Schneeberger Silberausbeute tritt eine Verschiebung ein. Auf der einen Seite steht die immer geringere Zahl derer, die durch Handel und gewerbliche Tüchtigkeit, vor allem aber durch den reichen Schneeberger Bergsegen zu unverhältnismäßig großem Reichtum gelangen. Auf der anderen Seite steht die große Mehrzahl der übrigen Bevölkerung, der Handwerker und Lohnarbeiter, die nur über geringen oder gar keinen Besitz verfügen.[76] Die politische Macht im Rat der Stadt hat fast ausschließlich die erste Gruppierung inne. Auf der anderen Seite der sozialen Skala breiten sich Abhängigkeit und Armut aus. Bisher selbstständige Meister geraten in Abhängigkeit von Großunternehmen. Geldentwertung und Teuerung, besonders aber die Zunahme der Bevölkerung im Zusammenhang mit der Ausweitung des Schneeberger Silberbergbaus verschärfen die Lebensbedingungen der Stadtarmen, der Handwerker und Lohnarbeiter. Das Überangebot von Arbeitskräften verschlechtert die Erwerbsmöglichkeiten in der Stadt.[77]

Der Aufstand der Zwickauer Tuchknappen ist keine historisch singuläre Erscheinung. Die Auseinandersetzungen in Zwickau sind in der Endphase einer Geschichte von Stadtkämpfen zu verorten, die das gesamte Spätmittelalter charakterisieren.[78] Auch Gestalten wie die »Zwickauer Prophe-

76 Paul Wappler, a.a.O., 13.

77 Karlheinz Blaschke, Sachsen im Zeitalter der Reformation, Gütersloh 1970, 110

78 Vgl. Carl Czok, Die Bürgerkämpfe in Süd- und Westdeutschland im 14. Jahrhundert. Jahrbuch für Geschichte der oberdeutschen Reichsstädte, Eßlinger Studien 12/13, 1966/67, 40ff. Vgl. Horst Jecht, Studien zur gesellschaftlichen Struktur der mittelalterlichen Städte. Vierteljahrsschrift für Wirtschafts- und Sozialgeschichte, 19, 1926, 48ff. Sowie: Carl Haase, Die Stadt des Mittelalters. Drei Bände. Darmstadt 1973. Vgl. in diesem Zusammenhang die Interpretation von Bernd Möller, »Reichsstadt und Reformation«, Gütersloh 1962, 15. Der für das Lebensgefühl der spätmittelalterlich-frühneuzeitlichen Stadt zentrale Gedanke der Stadtgemeinschaft und der Abwehr von Zwietracht in der

ten« sind nicht singulär. Offensichtlich wurden bis hin zur Reformationszeit soziale Differenzierungsprozesse in den großen Städten, aber auch auf dem Lande bestimmend. Immer mehr Arme stehen immer weniger sehr Reichen gegenüber: Innerhalb einer Zunft; im Gegenüber von armen und reichen Zünften; in einer rapiden Zunahme der »habnits«-Bevölkerung in den großen Städten, insbesondere Fernhandelsstädten; im Gegenüber zwischen Dorfarmut und einem immer größeren Anteil der Landbevölkerung auf der einen und Grundherren auf der anderen Seite.

Stadt habe an manchen Orten die Einführung der Reformation behindert. Durch die Reformation wurde die »sakrale Ordnung« und das »Heil« der Stadt bedroht. Umgekehrt ist die Reformation an manchen Orten überhaupt erst eingeführt worden, um Zwietracht in der Stadt zu vermeiden.

Jedem Anfang wohnt ein Zauber inne – leider bleibt er nicht

Luther und die aufständischen Bauern, Luther und die rebellische Stadtbevölkerung können einander radikal nicht verstehen, was »christliche Freiheit« meint.

Aber.

Die Ereignisse des Bauernkrieges ebenso wie das Zerwürfnis zwischen Luther und den Wittenberger Reformatoren auf der einen, Müntzer und den Zwickauer Propheten auf der anderen Seite sind, was die Entwicklung der Reformation angeht, relativ späte Ereignisse. Seit 1517, seit dem Aufbruch und dem schnellen Siegeszug der reformatorischen Bewegung, sind Jahre vergangen. Jahre damit auch seit einer faszinierenden Frühphase, in der die Grundparolen der Reformation das Lebensgefühl großer Volksmassen getroffen haben, am Anfang offenbar weit über soziale Teilgruppen hinaus.[79] Beflügelt durch immer neue Flugschriften und Gelegenheitstexte, angetrieben durch die harsche Reaktion der Altgläubigen, Roms und des Kaisers, dennoch zugleich unterstützt durch eine Phase der Langsamkeit in der harten Verfolgung des neuen Glaubens, die verschiedene Ursachen hatte und es den Wittenbergern und oberdeutschen Reformatoren erlaubte, in ungeahntem Ausmaße in der Bevölkerung Fuß zu fassen, breitet sich die Reformation rasant aus. Wie ein Flächenbrand. Auch das muss verstanden werden – genauso wie das Nichtverstehen Jahre später. Oder besser: Wie, Jahre spä-

79 Vgl. auch Wolfgang Beutin, a.a.O., 116.

ter, das Dominantwerden der Tatsache, dass man einander nie so richtig verstanden hat.

Am Anfang sind solche Probleme noch verdeckt, unsichtbar, scheinen unerheblich. Verschiedene Verstehensmodelle helfen, Gründen des ursprüglichen Siegeszugs der Reformation auf die Spur zu kommen.

Ein rollentheoretisches Modell. Die Parolen der Reformation treffen auf eine gesellschaftliche Entwicklung, in der Menschen massenhaft aus ihren schützenden Bindungen entlassen und auf »abstrakte«, nicht organisch gewachsene Weise kollektiviert werden. *Hier tritt die Reformation ein: Sie bietet neue soziale Rollen an, die den individualisierten Menschen in der neuen sozialen Großwetterlage Halt und Orientierung bieten.*[80] Dabei ist die von Max Weber vornehmlich thematisierte Rolle des rational wirtschaftenden und asketisch lebenden Unternehmers nur eine unter zahlreichen Rollenangeboten. Die Reformation ist anfänglich eine Volksbewegung mit wenig differenzierter sozialer Trägerschaft, ermöglicht und dynamisiert durch eine zerfallende feudale Gesellschaftsordnung. Das städtische Bürgertum ist ebenso involviert wie die Arbeiterschaft, Bewohner der Hafenstädte ebenso wie des Hinterlandes, Lehrlinge und Gesellen ebenso wie Meister. »Die Reformation, die als Protestbewegung innerhalb der Kirche begann, war der Versuch, mit Hilfe eines neuen

80 Vgl. Samuel N. Eisenstadt, Die protestantische Ethik und der Geist des Kapitalismus. Eine analytische und vergleichende Darstellung. Opladen 1971. Sowie Helena McCormack, Die protestantische Ethik und der Geist des Sozialismus. In: Constans Seyfarth und Walter M. Sprondel Hrsg., Seminar: Religion und gesellschaftliche Entwicklung. Studien zur Protestantismus-Kapitalismus-These Max Webers. Frankfurt a.M. 1973, 225ff.

normativen Systems in dem Chaos eine neue Ordnung zu schaffen.« Sie stellte eine »Ethik der Erneuerung« bereit, »die Rollenmuster für das arbeitsteilige städtische Leben festzulegen suchte. Sie sollte den befreiten Leibeigenen und den Dorfhandwerker, den verarmten Landadeligen und den sozial überflüssig gewordenen Ritter befähigen, in Städten unter Fremden zu leben, mit anderen zu kooperieren, die weder Verwandte noch Nachbarn waren, sich einzugliedern in spezialisierte und unpersönliche Formen des Wirtschaftens ...«[81]

Ein sozialpsychologisches Modell: Typisch für den mittelalterlichen Menschen ist eine Mischung aus Unfreiheit und Sicherheit. Durch Zerfall der feudalen Gesellschaftsordnung, beginnend schon mit der Renaissance, verliert der Mensch seine selbstverständliche Einbindung. Die äußere Welt wird als ein Objektives, Gegenständliches erfahrbar, und zugleich entsteht ein davon getrenntes Subjektives. Der Mensch kann sich selbst als Individuum erfahren. Durch die Auflösung der Verbindlichkeit von Bindungen gewinnt der Mensch Freiheit. Die Kehrseite der Freiheit aber ist *Angst*.[82]

Gerade die von sozialem Niedergang bedrohten Gesellschaftsschichten sind von einem tiefen Gefühl eigener Wertlosigkeit, Angst und Überwältigung durchdrungen. Diesem Lebensgefühl, so Erich Fromm, gibt Luther einen Ausdruck. Luther ist exemplarischer Typus eines autoritären Charakters. Sein eigenes Wesen ist von Furcht, Zweifel und innerster Einsamkeit durchdrungen. Seine »Überzeugung von des Menschen Verruchtheit und seiner Ohnmacht, durch eigenen Verdienst irgendein Gutes zu tun, ist eine wesentliche

81 Helena McCormack, a.a.O., 230.

82 Erich Fromm, Die Furcht vor der Freiheit. Frankfurt a.M. 1966.

Bedingung für Gottes Gnade.«[83] Durch Hinnehmen der eigenen Bedeutungslosigkeit, in Selbsterniedrigung und Resignation gegenüber dem eigenen Wollen darf das Individuum hoffen, Gott willkommen zu sein. Zugleich ist die Reformation aber auch genau die Möglichkeit, den Hoffnungen der Unterschichten Ausdruck zu verleihen. »Das Evangelium lieh ihren Hoffnungen und Erwartungen eine Zunge ... Es brachte die Armen dazu, nach Freiheit und Gerechtigkeit zu streben.«[84]

Schließlich ein sozialökonomisches Interpretationsmodell. In den wohl hellsten Farben für den Augenblick der Faszination, für den Aufbruch der reformatorischen Bewegung malt Friedrich Engels die Wirkung Martin Luthers auf die Masse der Gesellschaftsmitglieder aus.[85] Die verschiedenen Stände des Reiches bilden Anfang des 16. Jahrhunderts eine verworrene Masse mit den verschiedensten, einander durchkreuzenden Bedürfnissen. Erst die Reformation ermöglicht eine wechselseitige Kommunikation. In theologischer Sprache bringt sie die Aspiration des gesamten Volkes zum Ausdruck. *Luthers Initialfunktion liegt genau darin, dass er in der Frühphase der Reformation den gemeinsamen Nenner der uneinheitlichen oppositionellen Bewegung formuliert.* Luthers Auftreten schlägt wie der Blitz ein und bringt ganz Deutschland in Bewegung. Adel, Fürsten, Plebejer, Bauern und Stadtbürger schließen sich ihm an.

Im weiteren Verlauf müssen dann die divergierenden Interessen durchschlagen. Die Koalition muss auseinanderfallen.

---

83 Ebenda, 79. Ich bin mir unsicher, ob Fromm das Zentrum von Luthers Theologie getroffen hat.

84 Ebenda, 85.

85 Friedrich Engels, Der Deutsche Bauernkrieg. Berlin 1970. Erstausgabe 1850.

Engels sieht dieses Moment bereits in Luthers Schrift »An den christlichen Adel deutscher Nation von des christlichen Standes Besserung« von 1520. »Die Parteien sonderten sich und fanden ihre Repräsentanten. Luther musste zwischen ihnen wählen ... Er, der Schützling des Kurfürsten von Sachsen ..., zauderte keinen Augenblick. Er ließ die populären Elemente der Bewegung fallen und schloss sich der bürgerlichen, adligen und fürstlichen Seite an ...«.[86]

So anregend die genannten Interpretationshypothesen sind: Keine erklärt die Radikalität und Euphorie des Aufbruchs – und vor allem nicht die von allen Beteiligten unauflösbare Verstehens-Unfähigkeit wenige Jahre nach diesem gemeinsamen euphorischen Aufbruch. Ritualtheoretisch könnte man annehmen: *Der beglückende Moment umfassender »Communitas« ist immer nur als Augenblicksglück zugänglich. Wird versucht, diese Erfahrung auf Dauer zu stellen, wird Communitas starr, unterdrückend, ideologisch.*[87] *Es muss in den Folgezeiten zu Differenzierungsprozessen kommen, die die ursprüngliche Einheitserfahrung ablösen, tendenziell sogar zerstören.*

Ein Blick auf gesellschaftliche Entwicklungen und auch auf Veränderungen im vorherrschenden Charaktertypus insbesondere in der Hochkultur ist nötig, um die ritualtheoretische Überlegung mit Leben zu füllen. Sehen wir zuerst auf die Durchsetzung der Geldökonomie.

86 Ebenda, 53.

87 Victor Turner, Vom Ritual zum Theater. Der Ernst des menschlichen Spiels. Frankfurt/New York 1989 (1982). Vgl. hier insbesondere den im Band enthaltenen Aufsatz »Das Liminale und das Liminoide in Spiel, ›Fluss‹ und Ritual ... ebenda., 28ff.

In der Reformationszeit kommt es zu einer beträchtlichen Zunahme der Macht großer Handelshäuser. Seit 1483 sind die Brüder Fugger unter Jakob II Fugger zu einer gemeinsamen Firma verbunden, und dieses Unternehmen hat die beherrschende Stellung im europäischen Geldmarkt der ersten Hälfte des 16. Jahrhunderts inne. Die ökonomische Macht der Fugger steigert sich in weiten Wirtschaftsbereichen zum Monopol. Fürsten, selbst der Kaiser und auch kirchliche Machtträger sind von Darlehensgeschäften mit den großen Handelshäusern abhängig. Der Geldhandel dominiert zunehmend den Warenhandel. »So häuften sich rasch enorme Vermögen an, und zwar als flüssige Gelder, und diese wiederum setzen die Besitzer instand, sich den so finanzbedürftigen Landesherrn unentbehrlich zu machen.«[88]

Die Durchsetzung der Geldökonomie ist Voraussetzung für ein quantifizierendes Denken auch jenseits des Bereichs wirtschaftlicher Tätigkeit. Das Selbst-und Weltverhältnis des Menschen verändert sich. Die Durchsetzung des gegenüber konkreten Arbeitsleistungen und -erfahrungen abstrakten Mediums Geld, das eine rein quantifizierende Messung verschiedener Werte erlaubt, geht einher mit einer Veränderung auch des Zeiterlebens. Beginnend in den großen Städten kommt es zu einer Durchsetzung eines linearen quantifizierbaren Zeiterlebens. Im Mittelalter wurden noch Tag und Nacht jeweils in 12 Stunden unterteilt. Damit variieren die Stunden mit der jahreszeitlich unterschiedlichen Länge von Tag und Nacht. Die mittelalterliche Zeiteinteilung ist eng an

88 Bernd Möller, Deutschland im Zeitalter der Reformation. Göttingen 1977, 34.

die Körpererfahrung des Wachens und Schlafens gebunden, an die Rhythmen des Arbeitens und Ruhens, der Alltags- und Festzeiten. Der Lebensrhythmus der Menschen bestimmt die Zeiterfahrung, nicht umgekehrt.

Der Umbruch hin zu einer linearen, gegenüber der körperlichen Erfahrung der Menschen abstrakten Zeitstrukturierung bedeutet eine radikale Veränderung im Zeiterleben. Zeit wird zu einer unterteilbaren, quantifizierbaren Größe, anhand derer eine präzise Planung des Tagesablaufes und auch eine präzise Planung gegenüber zukünftiger Zeit möglich wird. Der italienische Humanist Leon Battista Alberti schreibt: »Der Mensch kann drei Dinge sein Eigen nennen, nämlich Seele, Körper und Zeit. … Wer die Zeit anwendet, um Löbliches zu lernen, zu denken, zu üben, der macht sie sich zu eigen, wer aber eine Stunde nach der anderen müßig verstreichen lässt, ohne irgendeine ehrenwerte Betätigung, der, gewiß, verliert sie. Man verliert also die Zeit, wenn man sie nicht anwendet; sie gehört dem, der sie anzuwenden weiß … Am Morgen, wenn ich aufstehe, denke ich so bei mir: was habe ich heute zu tun? So und so viel. Ich überzähle die Dinge, erwäge sie und Weise einem jeden seine Zeit zu.«[89]

Nach und nach entsteht, zunächst begrenzt auf die Hochkultur und auf Menschen der Oberschichten, ein historisch neuer Charaktertypus. Zeit wird nicht mehr strukturiert durch den Wechsel von Arbeit und arbeitsfreier Zeit, die durch Messen, Gottesdienste und religiöse Feste markiert wird. Zeit wird von qualitativer Erfahrung von Arbeit und Fest losgelöst. *In diesem Zusammenhang verändert sich die Er-*

89 Leon Battista Alberti, Über das Hauswesen/Della Famiglia. Zürich und Stuttgart 1962, 216f. 226.

fahrung der Menschen gegenüber ihrem Körper, gegenüber ihren psychischen Antrieben, gegenüber der Strukturierung des sozialen Raumes.

Weil die Entstehung eines neuen Charaktertypus sich in der Volkskultur, in den sozialen Unterschichten nicht bzw. historisch verzögert durchsetzt, verstärkt dies den Bruch zwischen Hoch- und Volkskultur und hat, dynamisiert durch weitere Prozesse, die radikale Verstehensunfähigkeit zur Folge, die sich nicht zuletzt im gegenüber von Luther und den aufständischen Bauern manifestiert.

Mit der Abstrahierung der Zeiterfahrung wird auch das Verhältnis der Menschen zu ihrem Körper abstrakt. *Der Körper wird instrumentalisiert.*[90] In der Lebenswelt des oberitalienischen Kaufmannskapitals im »Quattrocento« beispielsweise erlauben gesellige Ereignisse der Oberschicht in den oberitalienischen Städten wie Hoftänze, Militärübungen und Sport, körperliche Kräfte auszuleben und auf diesem Wege intensive Erfahrungen mit dem eigenen Körper zu machen. Zugleich ist dies dadurch erkauft, dass der Körper zum Instrument gerät. Ungeformte Intentionen werden reglementiert. Körpersensationen werden kalkulierbar gemacht.

Der Veränderungsprozess hin zu einem neuen menschlichen Charaktertypus geht aber tiefer, betrifft auch das Verhältnis zu den eigenen psychischen Antrieben.[91] In den weltlichen Oberschichten des Abendlandes verbinden und

90 Rudolf zur Lippe, Naturbeherrschung am Menschen. Zwei Bände. Frankfurt a.M. 1974.

91 Norbert Elias, Über den Prozeß der Zivilisation. Zwei Bände. Frankfurt a.M., zit. nach 6. Aufl. 1978.

verstärken sich verschiedene Prozesse. Die Intimisierung des familialen Zusammenlebens; die Monopolisierung von gesellschaftlicher Gewalt; die immer stärkere Differenzierung und Verflechtung von menschlichen Handlungsketten im Zusammenhang eine Entwicklung gesellschaftlicher Funktions- und Arbeitsteilung: All dies verlangt, verstärkt und geht einher mit einer immer deutlicheren Durchsetzung der *Affektregulierung durch den Selbstzwang der Individuen*. Affektregulierung durch äußeren Zwang, durch Sanktionen von außen wird durch den Selbstzwang der Individuen abgelöst, verbunden mit der *Entwicklung von Scham- und Peinlichkeitsgefühlen* gegenüber einem zwanglosen Ausleben körperlicher Antriebe vor allem in den Feldern von Nahrungsaufnahme und Sexualität. Der »Kriegsschauplatz« wird nach innen verlegt.[92] »Dämpfung der spontanen Wallungen, Zurückhaltung der Affekte, Weitung des Gedankenraumes über den Augenblick hinaus in die vergangenen Ursach- und die zukünftigen Folgeketten, es sind verschiedenartige Aspekte der gleichen Verhaltensänderung, eben jener Verhaltensänderung, die sich mit der Monopolisierung der körperlichen Gewalt, mit der Ausweitung der Handlungsketten und Interdependenzen im gesellschaftlichen Raum notwendigerweise zugleich vollzieht.«[93]

In den gesellschaftlichen Unterschichten, in der Volkskultur entwickelt sich die Selbstregulierung der Affekte nicht im gleichen Maße wie in den Oberschichten der gleichen Epoche. »Im Allgemeinen kann man sagen, dass Unterschichten ihren Affekten und Trieben unmittelbarer nachgeben, dass ihr Ver-

92 Ebenda, Band 2, 329.
93 Ebenda, Band 2, 322.

halten weniger genau reguliert ist, als das der zugehörigen Oberschichten.«[94] Die Ersetzung eines Typs der Affektkontrolle, der durch Furcht vor einer Überwältigung von außen bestimmt ist, durch einen Typus, in dem innere psychische Instanzen wie Gefühle von Scham und Peinlichkeit vorherrschend werden; die Ersetzung eines Trieblebens, das durch radikale Schwankungen von Furcht und Lust gekennzeichnet ist, durch eine Lebensform, die triebhafte Äußerungen nur noch in nivellierter, kontrollierter und sublimierter Form duldet, ist in der Armutsbevölkerung des 16. Jahrhunderts nicht zu erwarten. Auch Sexualität und Körperlichkeit überhaupt bleiben in den Unterschichten durch Gefühle von Peinlichkeit und Scham, anders als bei den Lebensformen der Hochkultur, weitgehend unbelastet. Der nackte Körper wird hier noch selbstverständlich öffentlich zur Schau gestellt, wenn eine Familie durch die Gassen eines Ortes zum Bade geht. In den öffentlichen Badehäusern waschen sich Frauen und Männer gemeinsam in einem Raum. Allerdings trifft diese Lebensform auf einen zunehmend rigider werdenden äußeren Zwang staatlicher und kirchlicher Instanzen.[95]

94 Ebenda, Band 2, 342.
95 Ebenda.

Die Entstehung von Innen-Räumen im sozialen Leben

In der Epoche der Reformation kommt es zudem zu einem Prozess der Differenzierung des sozialen Raumes. *In den europäischen Oberschichten* entstehen neue Formen einer »modernen« Kleinfamilie. Eine intime Familiengruppe, bewegt durch einen auf Kinder bezogenes »Familiengefühl«, das sich aus dem allumfassenden intensiven Zusammenleben der Sozietät zurückzieht. Sich also herauszieht aus einem Netz von Geschlechts- und Altersgruppen, aus einem alles Leben umspannenden gemeinschaftlichen Zusammenleben, in dem Essen, Arbeit, Schlafen und Wohnen nicht gleichberechtigt, aber im ständigen Kontakt miteinander geteilt wird.[96]

Sehen wir als Konkretion auf die Lebensgestaltung des Reformators Martin Luther.

Luthers Eheschließung mit der entlaufenen Nonne Katharina von Bora findet ihren Ort in einer hoch brisanten historischen Situation: Luther heiratet auf dem Höhepunkt des Bauernkrieges.

Der Zeitpunkt der Eheschließung stößt vielen Zeitgenossen auf, nicht nur Menschen, die – wie der Humanist Erasmus von Rotterdam – dem Reformator distanziert gegenüberstehen. *Luthers Freund und Mitstreiter Melanchthon* schreibt am 24. Juli 1525 an einen Freund: »Und vielleicht könnte sich jemand darüber wundern, dass er in dieser unglückseligen Zeit, während die guten und ehrenhaften Männer überall

96 Philippe Aries, Geschichte der Kindheit. München zitiert nach der zweiten Auflage 1979.

schwer bedrückt sind, nicht nur keinesfalls genauso vom Schmerz überwältigt ist, sondern sich auch offensichtlich fast gar nicht um dies Böse kümmert, das vor aller Augen geschieht; mittlerweile schwindet sogar sein Ansehen, wo Deutschland doch seinen hervorragenden Charakter und die Achtung, die er genießt, dringend braucht.«[97] Die bekannten Daten sprechen für eine unmittelbare Verstrickung zwischen dem Heiratsentschluss Luthers und dem Höhe- und Wendepunkt des Bauernkrieges. Der Entschluss zur Heirat fällt offenbar während eines Besuches Luthers bei seinen Eltern in den ersten Maitagen 1525. Der Vater hatte immer auf eine Verheiratung gedrängt und die Entscheidung des Sohnes für ein klösterliches Leben nie akzeptieren können. Am 4. Mai teilt Luther seinem Mansfelder Freund Rühel die bevorstehende Verheiratung mit. Am 6. Mai ist er wieder in Wittenberg und empfängt auf seiner Reise durch aufständisches Gebiet einen direkten Eindruck von den rebellierenden Bauernhaufen.[98] Zwischen dem 10. und dem 17. Mai entscheidet sich das Schicksal der aufständischen Bauern in der Schlacht bei Frankenhausen, Thomas Müntzer wird gefangengenommen, gefoltert und am 27. Mai hingerichtet. Am 15. Juni findet im Hause der Reichenbachs, im Schwarzen Kloster oder im Hause Cranach – hier hat Katharina nach ihrer Flucht aus dem Kloster eine Unterkunft gefunden – die Verlobung und das Beilager im Beisein weniger Zeugen (so der Cranachs und des Stadtpfarrers Bugenhagen) statt. Am 27. Juni dann der

97 Corpus Reformatorum ed. C.G. Bretschneider, Halis Saxonum 1834ff., Vol. 1, Epistolarum lib III, 1525, Sp. 754, Nr. 344.

98 H. Boehmer, Luthers Ehe. In: LuJ VII, 1925, 62.

öffentliche Kirchgang, die »Wirtschaft« und die »Heimfahrt« der Braut im Beisein der Eltern und geladener Gäste.[99]

Die Gleichzeitigkeit der Verstrickung Luthers in beide Prozesse – die Ereignisse des Bauernkrieges und die Eheschließung – erscheint noch dichter, wenn man seinen Briefwechsel in diesen Monaten berücksichtigt. Den Text, der seinen endgültigen und brutalen Bruch mit den Bauern signalisiert – »Wider die räuberischen und mörderischen Rotten der Bauern« – hat er wahrscheinlich zusammen mit dem Brief an Rühel am 4. Mai verfasst, in dem er seine Verheiratung ankündigt. Und verschiedene Briefe aus dem Mai und Juni behandeln genau diese zwei Themen: die bevorstehende Heirat und die Entwicklung des Bauernkrieges.[100]

Besonders kennzeichnend erscheint Luthers Brief an Johannes Rühel vom 4. Mai 1525. »Denn ob gleich der Baurn noch mehr tausend wären, so sind es dennoch allzumal Räuber und Mörder, die das Schwert aus eigener Durst und Freud nehmen und wollen Fürsten, Herrn und alles vertreiben, *neu Ordnung machen in der Welt*, dass sie von Gott weder Gebot, Macht, Recht noch Befehl haben, wie es Herrn itzt haben … Wohlan, komme ich heim, so will ich mich mit Gottes Hilfe zum Tode schicken und meiner neuen Herrn, der Mörder und Räuber, warten, die mir sagen, sie wollen niemand nichts tun – gleichwie jeder Straßenräuber tät … Wie schöne schmückt der Teufel sich und seine Mörder … Und so kann ich's schicken, ihm (dem Teufel) zum Trotz, will ich meine Käthe noch zur Ehe nehmen, ehe ich denn sterbe, wo ich

99 Ebd., 65.
100 Vgl. WABr 3,531,3ff. im Juni 1525.

höre, dass sie fortfahren, ich hoffe, sie sollen mir noch nicht meinen Mut und Freude nehmen.«[101]

Luther hat kein Verständnis, ja: keine Verstehensmöglichkeit für die aufständischen Bauern. Ihre »neue Ordnung« kann er nur als absolute Unordnung verstehen, als zerstörerisches, grauenhaftes Chaos, mit einem Wort: als Ausdruck der Macht des Teufels und seines endgeschichtlichen Kampfes. Und: Luther fühlt sich durch die Bauernhaufen persönlich bedroht. »Komme ich heim (er wird zwei Tage nach Versendung dieses Briefes wieder in Wittenberg sein), so will ich mich mit Gottes Hilfe zum Tode schicken und meiner neuen Herrn, der Mörder und Räuber, warten.« Und *in diesem Kontext* von Gefühlen heftiger Aggressivität und unmittelbarer Lebensbedrohung – der Bedrohung des Lebens in der Welt wie seines persönlichen Lebens – äußert Luther den Entschluss zur Heirat: dem Teufel zum Trotz und als Ausdruck der Hoffnung, dass ihm die mörderischen Bauern nicht den Mut und die Freude zum Leben nehmen sollen.

Sucht Luther mit der Eheschließung Schutz vor dem tödlichen Chaos? Will er die Ordnung der Ehe gegen die gesellschaftlich und individuell bedrohende Unordnung setzen, als Schutz gegen das Chaos, welches das Leben von außen bedroht? Sieht man sich weitere Äußerungen Luthers zu seiner Ehe an – in Briefen, in Tischreden –, dann wird deutlich, dass diese Ehe nicht nur unter der Überschrift »Ordnung« verstanden werden kann. Gegen die durch den Bauernaufstand empfundene persönliche Lebensbedrohung, gegen den hier für ihn aufscheinenden endgeschichtlichen Angriff des »Teufels« setzt Luther – im Rahmen der Ordnung – auf die

101 WABr 3,479.

Herausbildung und Gestaltung eines intimen *Innenraums* von Beziehung zwischen den Eheleuten.

Als Luther heiratet, ist er kein jugendlicher Liebhaber mehr. Er ist Mitte vierzig, und er lernt seine Frau in einer Situation kennen, in der er ihr gegenüber die Rolle des traditionellen Brautvaters einnimmt: Er ist nämlich für die Verheiratung einer Gruppe von aus dem Kloster geflohenen Nonnen verantwortlich, zu der auch Katharina gehört, und erst als mehrere anderweitige Versuche gescheitert sind, nimmt er sie selbst zur Frau.[102]

Luther sieht als arm an Geldmitteln vor – wahrscheinlich durchaus realistisch. In seiner Sicht sind gegensätzliche Handlungsweisen im Umgang mit Geld gleichermaßen ge-

102 Wie sieht Luther sich selbst in seiner Rolle als Hausvater und Ehemann? An das Ende einer Haushaltsabrechnung, die seinem Testament von 1542 beigefügt ist und penibel die im Besitz befindlichen Immobilien, aber auch Tiere, Werkzeuge und Lebensmittel des Hausstandes aufführt, setzt Luther ein Gedichtchen. Er schreibt hier:
»Ich armer man so halt ich haus: /Wo ich mein gelt sol geben aus, /Da durfft ichs wol an sieben ort /Vnd feylet mir allweg hier vnd dort.
Thu, wie dein vater hat gethan; /Wo der wolt einen pfennig han, /Da fand er drey ym beutel bar, /Damit bezahlt er alles gar, /kein heller wolt er schuldig sein /So hielt er haus und lebet fein.
Thu, wie dein vater hat gethan; /Wo der solt einen pfennig han, /Da must er borgen drey dazu, /Blieb ymer schuldig Rock und schu, /Das heist dann hausgehalten auch /Das ym bleibt kein fuer noch rauch.
Am besten tunget der mist das feld, /der von des herren fussen felt. /Das pferd wol fein gefuttert wird, /Wo yhm sein herr die augen gibt. /Der frawen augen kochen wol, /Vol mer, denn magd, knecht, fuer und koln.« WABr 9, 585, 20ff.

rechtfertigt: Überfluss und Knappheit, Schulden machen und keine Schulden machen, Sorglosigkeit und Sorgfältigkeit, Vertrauensseligkeit und Rigidität, Loslassen und Festhalten. Das kann nur heißen: Das Wirtschaften mit Geld ist für die Ökonomie des Hauses ein beliebiges, unwichtiges Handlungsfeld. Worauf es dagegen ankommt, ist die *Zuwendung und persönliche Sorgfältigkeit des Hausherrn wie der Hausfrau gegenüber den im Hause lebenden Menschen und Tieren*. Wichtig ist die Sorgfältigkeit der Herrschaft: Hausherr und Hausfrau sollen »ihre Augen geben«.

Nicht nur im »Ganzen Haus«: Vor allem in der Beziehung zwischen den Eheleuten herrscht eine Beziehung vor, die gegensätzlich ist gegenüber der Lebensweise, die durch Geld bestimmt ist. In der ehelichen Intimität herrscht eine andere Ökonomie vor: nämlich die Ökonomie der Gabe, des Geschenkes.[103] *Liebe ist ein Geschenk Gottes*. Sie wird zerstört, wenn Geldbeziehungen in ihr wichtig werden. In zahlreichen Briefen, insbesondere den Briefanreden Martin Luthers an seine Käthe, wird deutlich, dass sich in dieser Beziehung Intimität und Liebe haben entwickeln können.

Martin Luther sieht in seiner Ehefrau eine liebevolle und verständnisvolle Gesprächspartnerin. In einer Tischrede vom Frühjahr 1532 äußert er seine Erwartungen. »Es ist die höchste Gnade, eine Ehefrau zur Gefährtin zu haben, mit der du alles teilen und der du deine Angelegenheiten anvertrauen kannst, und mit der du Kinder zeugen kannst usw. Aber Gott

103 In einer Äußerung vom Herbst 1531 bringt er den Gegensatz der zwei Formen des Reichtums auf eine bündige Formel: »Ich wolt mein Ketha nit vmb Frankreich noch vbm Venedig dazu geben, zum ersten darumb, das mir sie Gott geschenkt hatt vnd mich yhr geben hatt ...« WAT 1, 17, 10ff.

drängt viele ohne ihren eigenen Entschluss in die Ehe. Kethe, du hast einen fromen man, du bist ein keyserin, sage Gott dank. Aber für diesen Stand werden gute und fromme Personen gesucht.«[104]

Luther will Käthe all seine Angelegenheiten anvertrauen und mit ihr teilen können. Er will mit ihr Kinder bekommen; und er erwartet von ihr eine zuverlässige und gottesfürchtige Grundeinstellung. Diese Erwartungen lassen sich auch als Zuschreibungen an die Frau lesen: »Beziehungsarbeit«, »Mutterschaft« und »weiblicher Geschlechtscharakter«. *Darin*, in der Erfüllung dieser männlichen Erwartungen und Zuschreibungen, gesteht Luther seiner Frau auch eine Mächtigkeit zu (»du bist ein keyserin«). Luther entwirft ein Bild des weiblichen »Geschlechtscharakters«. So in einer Tischrede im Herbst 1531: »... Ein Weib ist ein freundlicher, holdseliger und kurzweiliger Gesell des Lebens (ich interpretiere: Intimität und Geselligkeit als Aufgabe der Frau gegenüber dem Mann). Weiber tragen Kinder und ziehen sie auf, regieren das haus und theilen ordentlich aus, was ein Mann hineinschaffet und erwirbet (ich interpretiere: biologisch begründete Eingrenzung der Frau auf den Innenbereich des Hauses, des Mannes aus den Außenbereich der Welt), daß es zu Rath gehalten und nicht unnutze verthan werde (Frau repräsentiert Ordentlichkeit); sondern daß einem jglichen gegeben werde, was ihm gebühret. Daher sie auch vom heiligen Geist hausehren genannt werden, daß sie des Hauses Ehre, Schmuck und Zierde sein sollen (Repräsentation des Hauses und des Mannes nach außen); sind geneiget zur Barmherzigkeit, denn sie sind von Gott dazu auch fürnehmlich geschaffen,

104 WAT 2, 22. Januar bis 28. März, Nr. 2506.

dass sie sollen kinder tragen (Definition der Frau als Mutter), der Männer Lust und Freude und barmherzig sein (Beziehungsarbeit als Arbeit aus Liebe).«[105]

Luthers Haushalt ist m.E. charakteristisch für eine Übergangssituation zwischen traditionellem »Haus« und moderner, intimer »Ehe«. Im Hause Luthers leben blutsverwandte Familienangehörigen und das Gesinde. Katharina Bora und Martin Luther nehmen außerdem neben den eigenen auch fremde Kinder (vor allem von Verwandten) ins Haus auf. Zudem sind Studenten als Kostgänger am Haushalt beteiligt. Frau Katharina leitet den gesamten wirtschaftlichen Betrieb des Hauses mit erheblichen Anteilen produktiver Arbeit.[106]

Im Rahmen dieser Struktur einer großen Haushaltsfamilie entstehen Möglichkeiten einer individuellen Gestaltung der traditionellen Rollen in der intimen Beziehung zwischen den Eheleuten. Dass die Frage der Herrschaft im Haus zwischen Martin und Käthe überhaupt zu einem diskutierbaren Thema hat werden können, setzt bereits einen gewissen Grad in der Veränderbarkeit überkommener Rollenmuster voraus. Die Interaktion in Luthers Haus überschreitet die Schwelle,

---

105 WAT 1,5,29ff., Nr. 12 (Einfügungen in Klammern: HMG). Es finden sich verschiedene Hinweise darauf, dass Luther in seinem eigenen Haushalt die Durchsetzung seiner, der männlichen Herrschaft nicht so problemlos gelingt. Vgl. WAT 3,307,26ff., Nr. 3411. Sowie WAT 3,25,38ff., Nr. 2847a.

106 So gehören zum Haushalt im letzten Lebensjahrzehnt Luthers mehrere Häuser, zwei Gärten, ein Weinberg, ein Hopfengarten, ein Fischteich sowie Landwirtschaft im Schwarzen Kloster und im Gut Zulsdorf. Nichtverwandte Arbeitsgehilfen leben mit im Haus: »Mehrere Mägde und Knechte gehörten als Gesinde zum Hausstand und auch zur Familie.« Hermann Werdermann, Das deutsche Pfarrhaus, 1936, 12.

die die traditionelle große Haushaltsfamilie von der intimen bürgerlichen Familie trennt.

Die Intimisierung von Beziehungsmöglichkeiten im ehelichen Zusammenleben ist in der frühen Neuzeit nur für begrenzte soziale Gruppen der Hochkultur möglich. Das Leben der Menschen in der Volkskultur, in den Lebenswelten der Bauern und der städtischen Unterschichten, sieht anders aus. In den dörflichen und städtischen Unterschichten in der Zeit um die Reformation, unter Handwerkern und Tagelöhnern, Armen und »Habnitsen«, überwiegt die Kleinfamilie. Sie ist in der Regel nicht durch staatliche oder kirchliche Eheschließung begründet. Dies ist zumeist an die Meisterwürde gebunden und für die Leute finanziell unerschwinglich. Sondern die Ehe ist begründet durch das »Gerücht«, die öffentliche Bekanntheit in der Nachbarschaft, dass dieser Mann und diese Frau Tisch und Bett miteinander teilen.

Die typische Struktur der Unterschichtsfamilien, soweit sie vollständig sind, ist die einer Kleinfamilie. Vater, Mutter und die zumeist zahlreichen Kinder leben in einem Haushalt zusammen. Die vorherrschende Familienformation im Spätmittelalter und in der frühen Neuzeit ist also, anders als oft angenommen, nicht das »Haus«, nicht die »Große Haushaltsfamilie«, wo Eheleute, verwandte und nichtverwandte Personen mehrere Generationen sowie abhängig Arbeitende unter der Leitung eines »Hausvaters« zusammenleben.[107] Dies ist vielmehr die vorherrschende Familienform lediglich in den ländlichen, teilweise auch den städtischen Ober-

107 Vgl. dazu: Ute Gerhard, Verhältnisse und Verhinderungen …, Frankfurt a.M. 1978, 101.

schichtsfamilien. Die Ehe in den Unterschichten ist in der Regel nicht kirchlich getraut, gilt also als »klandestine«, als heimliche Ehe bzw. Winkelehe. Dies findet seinen Grund in Heiratsbeschränkungen, die in der Ständegesellschaft wegen der herrschenden Nahrungsmittelknappheit gang und gäbe sind. Ein untertäniger Landbewohner bzw. Handwerksgeselle darf nur mit der Erlaubnis seines Grund- bzw. Zunftherren heiraten.[108] Bis zur Mitte des 19. Jahrhunderts erlassen darüber hinaus Gemeinden Heiratsbeschränkungen, um die Zahl der Armen, die sie zu versorgen haben, möglichst gering zu halten.[109] Zum anderen ist die Eheschließung oft mit hohen Kosten verbunden, die gerade von den armen Familien nicht aufgebracht werden können. Das Problem verschärft sich durch die veränderte soziale Situation. »Angesichts der hohen Mobilität im Spätmittelalter und dem Sog, den die Städte auf ihr jeweiliges Hinterland ausübten, war das Verbot der *ungenoßsamen Ehe* schier unerträglich und letztlich wohl auch nur bedingt praktikabel. Die Kinder der Bauern fanden in den vielen nahen Städten nicht nur Arbeit und Brot, sondern auch ihre Geliebten. Sie nicht heiraten zu dürfen, lag wie ein Makel auf solchen Verbindungen, doch ließ er sich nicht ohne weiteres tilgen ... Folglich verzichteten die Kinder auf das Heiraten und hätten als Zivilstand Konkubinat angeben müssen, wenn die Zeiten so liberal wie heute gewesen wären. Damals hieß der Status *Unehe* und die Kinder, die daraus hervorgingen, *Bankerte*.«[110]

108 Ebenda. 114.
109 Ebenda, 118.
110 Peter Blickle, Bauernkrieg, a.a.O., 62.

Die Lebensformen in der Unterschichtsfamilie werden vor allem durch ihre Funktion bestimmt, das materielle Überleben ihrer Glieder zu gewährleisten. Die Mitarbeit der Frau wie der Kinder ist hierbei konstitutiv. Entweder sind die Bereiche von Arbeiten und Wohnen getrennt und Familienmitglieder verdingen sich, oft in den Städten, als abhängig Arbeitende; oder sie sind, wie im Falle der bäuerlichen Lebenswelt, unter einem Dach und oft in einer Stube vereinigt. Charakteristisch für beide Fälle sind die extrem langen Arbeitstage, auch bei Kindern.[111]

111 Vgl. auch Heide Rosenbaum, Formen der Familie .... Frankfurt/M. 1982. Diese Beobachtungen widersprechen der Sicht, die Edward Shorter, Die Geburt der modernen Familie, Frankfurt a.M. 1977) von den Unterschichtsfamilien entwirft; allerdings hat er einen späteren Zeitraum im Blick. Shorter thematisiert ländliche wie städtische Unterschichtsfamilien. Shorter vertritt die These, die Frau habe im Übergang von der traditionellen zur modernen Familie eine Aufwertung ihres Status und ihrer Rolle erfahren. Shorter bezeichnet es als seine »Hauptthese«, »dass die Geschichte der Familie gleichbedeutend mit der Geschichte einer Veränderung der Beziehungen zwischen der Kleinfamilie und der sie umgebenden Gemeinschaft ist« (61), und diese beschreibt er als Tendenz zur Ausgrenzung der intimen Familiengruppe aus der allumfassenden Nähe und sozialen Kontrolle der traditionellen Gesellschaft, z.B. einer Dorfgemeinschaft (S. 62ff. 268ff.). Die Intensivierung der Kinderpflege innerhalb der Familie entsteht genau wie die »Häuslichkeit« im Zusammenhang der Entwicklung von Kapitalismus und Marktwirtschaft, und zwar zunächst im Mittelstand. »Der Mittelstand war … der erste, der sich jenes privilegierte Gefühl für die Solidarität der Kernfamilie aneignete, das ich ›Häuslichkeit‹ nannte.« (S. 302) Die »romantische Liebe« als die Größe, die – entgegen der Motivierung durch materielle Vorteile und durch die Kontrolle der Gemeinschaft in der traditionellen Gesellschaft – für die Paarbildung ausschlaggebend

Unterschichtsfamilien in der frühen Neuzeit sind arm und können kein Vermögen anhäufen. In Sachsen gehört in der Reformationszeit fast ein Viertel der Bevölkerung zu den Besitzlosen und Besitzarmen.[112] In einer Unterschichtsfamilie muss der Verdienst sofort in die Bestreitung der Kosten für die lebensnotwendigen Bedürfnisse (Essen und Wohnen) umgesetzt werden; eine Unterschichtsfamilie lebt »von der Hand in den Mund«. Die einseitige Ernährung führt zu Mangelerscheinungen; Missernten und Konjunkturschwankungen können sehr schnell zur Folge haben, dass das Überleben nicht mehr gesichert werden kann.

Die Wohnbedingungen der Unterschichtsfamilien sind dadurch charakterisiert, dass zahlreiche Menschen oft in nur einem Raum zusammenleben, der oft nicht ausreichenden Schutz vor Witterungseinflüssen bietet, oft nicht genügend beheizt und oft unhygienisch ist. Oft schlafen sämtliche Familienmitglieder in nur einer Bettstatt, nur notdürftig oder unzureichend mit Stroh bedeckt. Die Arbeits- und Wohnbedingungen der Unterschichtsfamilien lassen es nicht zu, dass sich hier die Familien als Bereich der Intimität gegenüber dem der Öffentlichkeit, als Bereich der liebenden Fürsorge, des Sentiments und der Innerlichkeit konstituieren kann.

---

ist, entsteht nach Shorter zunächst in der unteren Gesellschaftsschicht.

112 Wolfram Fischer, Armut in der Geschichte ..., Göttingen 1982, 19.

Das tragische Nichtverstehen

Es erscheint nach allem Gezeigten sinnvoll, die bereits formulierte Hypothese zum Nichtverstehen mit Hinweise auf den inhaltlichen Zusammenhang der skizzierten Prozesse zu verteidigen. Die Instrumentalisierung des Körpers, die Abstraktion der Zeiterfahrung, die Intimisierung der Familie und die Sensibilisierung gegenüber eigener Innerlichkeit sind zusammenhängende Prozesse, deren Geltung allerdings nur für die Hochkultur, für die sozialen Oberschichten anzunehmen ist. Äußere und innere Welt zerfallen, wobei als Grenze zwischen beiden Welten einmal die Körpergrenze, das andere Mal die Grenze zwischen dem intimen Raum der Familie und dem öffentlichen Bereich der Sozialität geteilten Lebens anzunehmen ist. Für die Menschen, die in diesen Prozess einbezogen sind, wird die äußere Welt im selben Maße kälter, als die innere Welt wärmer und emotional differenzierter wird.

Wenn diese Hypothese plausibel ist, dann lässt sich ein Zusammenhang herstellen auch zu Luthers Verständnis christlicher Freiheit. Eine Analogie in der Differenzierung zwischen innerer und äußerer Welt in der Erfahrung des Körpers und des sozialen Raumes, wie sie für eine begrenzte soziale Schicht der Gesellschaft in der Reformationszeit angenommen werden kann, und in der Differenzierung zwischen innerer und äußerer Freiheit in der Konzeption Luthers liegt nahe. Die Trennung zweier Welten, einer inneren und einer äußeren Welt, die Martin Luther im Verständnis christlicher Freiheit voraussetzt, ist nur solchen Menschen verstehbar, die in ihrer psychischen und sozialen Welt eine entsprechende Differenzierung von innen und außen erfahren. Außerhalb der begrenzten sozialen Schichten der Hochkultur muss angenommen werden, dass Luthers Interpretation der christlichen Freiheit anders gelesen, anders verstanden, auf verändernde Weise rezipiert wird – entsprechend den jeweils anderen Grenzlinien zwischen innen und außen in den Charakterstrukturen genauso wie im sozialen Raum.

Umgekehrt ist Luther nicht in der Lage zu verstehen, warum die aufständischen Bauern sein Verständnis christlicher Freiheit wiederum nicht verstehen können, dieses sein Verständnis verändern und in seiner Sicht pervertieren. Luther partizipiert an der Entwicklung des Zerfalls der Bindungen, des Kommunikationsabbruchs zwischen Hochkultur und Volkskultur, ebenso wie er zu den Protagonisten gehört, die diesen Zerfall vorantreiben.[113] Beide Seiten sind in tragischer und dramatischer Weise in einem Prozess des Nichtverstehens aneinander gebunden.

Luther und die Angehörigen von ländlichen und städtischen Unterschichten können sich deshalb nicht verstehen, weil sie unterschiedlichen *Lebenswelten* angehören, deren

113 Dies wird deutlich z.B. in einem 1519 von Georg Spalatin herausgegebenen Text »Ein kurtz underweysung, wie man beichten sol« (Ein kurtz underweysung, wie man beichten sol aufz Doctor Martinus Luther Augustinus wolmeinung getzogen. WA 2, 57ff.) Luther greift hier magische Praktiken an, wie sie in der Volkskultur gang und gäbe waren. Luther knüpft mit diesem Text an die Tradition der »Beichtspiegel« an und schreibt, die Menschen sollten bei der Beichte ihrer Verfehlungen sich an den zehn Geboten orientieren. Das erste Gebot beispielsweise ist dann übertreten worden, wenn man in Notsituationen bei Zauberern oder Zauberinnen Zuflucht gesucht hat. »Das man in widerwertickeit bey tzawbrern und tzaubrerin rat gesucht hat.« (WA 2. 60, 37). »Das man glaubt hat, Figuren, segen und kreutter helffen wider ferlickeit und widerwertickeyt. (WA 2, 61. 6f.).

Austausch- und Beziehungsmöglichkeiten gerade im fraglichen Zeitraum zerbrechen.[114] Die für die Lebenswelten selbstverständlich geltenden alltäglichen Übereinkünfte über das, was ist (was in der Realität statthat), was gelten soll (die Richtigkeit sozialer Normen) und was wahrhaftig ist (die angemessene Expression von Gefühlen),[115] zerbrechen an den Grenzen zwischen Hochkultur und Volkskultur.

»Lebenswelt« ist die Welt, in der ein jeder immer schon lebt, die also grundlegend nur aus einer Innenperspektive heraus betrachtet werden kann. »Lebenswelt« ist eine Hintergrundwelt, die in der alltäglichen Kommunikation normalerweise nicht eigens thematisiert werden muss und zwanglos das Verhalten bestimmt. Noch einmal formuliert: Eine gemeinsam geteilte Lebenswelt ist gekennzeichnet durch eine Übereinstimmung in dem, was »wahr« ist, also in der empirischen Welt der Tatsachen statthat; durch eine Übereinstimmung über das, was »richtig« ist, also als Norm für die Regeln des sozialen Zusammenlebens Gültigkeit beanspruchen kann; und durch eine Übereinstimmung über das, was

114 Ich verstehe »Lebenswelt« im Sinne von Edmund Husserl und Alfred Schütz als durch alltägliche Interaktion und Kommunikation geteilte intersubjektiv sinnhafte Welt, als unmittelbar anschauliche, wirklich erfahrbare und erfahrene Welt. Die Grenzen zwischen Lebenswelten werden genau dort wirksam, wo diese zwanglose Übereinstimmung nicht mehr existiert. Vgl. Edmund Husserl, Die Lebenswelt. Auslegungen der vorgegebenen Welt und ihrer Konstitution. Texte aus dem Nachlass (1916–1937). Hrsg. von Rochus Sowa. 2008; sowie Alfred Schütz mit Thomas Luckmann: Strukturen der Lebenswelt (Soziologische Texte; Bd. 82). Luchterhand, Neuwied 1975.

115 Jürgen Habermas, Theorie des kommunikativen Handelns. 2 Bde., Frankfurt/M. 1981.

als »wahrhaftig« gelten soll in der Expression von Gefühlen, also der Artikulation der je-individuellen Welt.

In der Reformationszeit zerbrechen die Gemeinsamkeiten und Austauschmöglichkeiten der Lebenswelten von Hochkultur und Volkskultur. Die Grenzen werden zunehmend hermetisch und gewaltsam abgeschirmt. Und in genau diesen Prozess ist die Parole von der »christlichen Freiheit« eingebunden. Ein gemeinsames Verständnis christlicher Freiheit zwischen den Angehörigen verschiedener Lebenswelten wird unmöglich. Begegnen sich Angehörige unterschiedlicher Lebenswelten, geraten sie zudem in Konflikt miteinander, dann werden sie die durch die Begegnung entstehende Situation entsprechend den Regeln ihrer Lebenswelt unterschiedlich interpretieren. Dies ist in der Auseinandersetzung Martin Luthers mit den aufständischen Bauern um das Verständnis christlicher Freiheit und Gerechtigkeit ebenso deutlich wie beispielsweise in der Begegnung Melanchthons und Amsdorfs mit den »Zwickauer Propheten«. Die Chancen sind unterschiedlich verteilt, die je eigene Situationsdefinition, das je eigene Verständnis im Konflikt durchzusetzen. Das macht das spezifische Herrschaftsgefälle zwischen Angehörigen verschiedener Lebenswelten aus.

Die skizzierten Ergebnisse der Volkskulturforschung zeigen, dass der selbstverständliche Austausch zwischen der Kultur der Eliten und der Kultur des Volkes in einem Prozess der Domestikation und Zerstörung der volkskulturellen Lebensform übergeht. Eine Geschichte tragischen Nichtverstehens, tragischer Ver-Gegnungen, die bis heute nachwirkt, ja bis heute anhält. Über die historisch Rekonstruktion hinaus: Was lernen wir für heute aus der tragischen Beziehung zwischen Reformation und Bauernkrieg?

Was heißt »Freiheit eines Christenmenschen« – heute?

Ich denke, eines muss bei allen Überlegungen zu individuellen und sozialen Aspekten in der Wahrnehmung christlicher Freiheit heute glasklar sein. Es geht in allem *nicht* zuerst und vor allem nicht allein um die *Überlebenschancen der protestantischen Kirchen in der gegenwärtigen Moderne.* Es geht nicht zuerst und vor allem nicht allein um die Überlebenschancen der christlichen Kirchen aller Denominationen.

Es geht um die Rettung des Lebens auf unserem Planeten. Das ist nicht metaphorisch gemeint. Es geht um die Rettung des Lebens, angesichts der globalen Krisen buchstäblich. Drängend. Mit aller zur Verfügung stehenden Lebensenergie.

Die Einsicht der Reformation, dass allein der Glaube an das Evangelium und nicht die angestrengte Einhaltung des »Gesetzes« die Beziehung zu Gott und den Mitgeschöpfen in Ordnung bringt, hatte in der Anfangsphase der Reformation als öffentlich gemachte Parole durchschlagenden Erfolg deshalb, weil sich die Leute von den religiösen Gesetzen der Römischen Kirche bedrückt fühlten, die ihnen trotzdem keine Lebensgewissheit geben konnten.

Heute ermöglicht es aber keine Befreiungserfahrung mehr zu sagen: Ihr müsst keine Wallfahrten, keine Seelenmessen, keinen Ablass leisten, um die Beziehung zu Gott, zu den anderen und zu euch selbst in Ordnung zu bringen. Das glaubt heute sowieso kaum jemand. Die für den evangelischen Glauben und die evangelische Kirche heute entscheidende Frage ist: Was ist heute das Gesetz, das Menschen in ihrem

Innersten beherrscht, sie in ihren Lebensmöglichkeiten unfrei macht und sie zerstört und verkrümmt? Und: Bietet die reformatorische Idee der »Freiheit eines Christenmenschen« eine Befreiungsperspektive für heute?

Eine befreiende Predigt?

Die entscheidende Frage ist: Sind die Menschen heute einem »Gesetz« unterworfen, das sie in vergleichbarer Weise unfrei macht und besetzt hält, wie dies in der Reformationszeit durch die Zwänge zur Einhaltung von religiösen Rituale gegeben war? Mir scheint dieser Gedanke naheliegend: Die neoliberal dominierte Wirtschaftsgesellschaft existiert nicht zuletzt auf der Basis von Zumutungen an die Individuen, die eine beständige Selbstkontrolle, eine *Unterwerfung unter Zwänge zu Leistungsbereitschaft und Selbstoptimierung* bedeuten. Solche Zumutungen, die für soziale Akzeptanz ebenso entscheidend sind wie für eine Stabilisierung der Ich-Identität, *stehen dem reformatorischen Gedanken der geschenkten, der passiven Gerechtigkeit diametral entgegen*. In der neoliberal dominierten Wirtschaftsgesellschaft wird Lebenssicherheit in der Bewahrung von Ich-Identität an die Bereitschaft zu Selbstkontrolle und Selbstoptimierung geknüpft. Dies steht für die Individuen unter dem Versprechen, sowohl persönliche Genugtuung als auch soziale Anerkennung zu schaffen. Im Verständnis der christlichen Freiheit, der geschenkten, nicht der erworbenen Gerechtigkeit des Menschen geht es hingegen um ein Verständnis von menschlicher Personwerdung, die sich nicht aus menschlicher Selbst-Produktion, sondern im Akt des Beschenktwerdens ereignet.[116]

---

116 Vgl. hierzu Hans-Martin Gutmann, Ich bin's nicht. Die Praktische Theologie vor der Frage nach dem Subjekt des Glaubens, Neukirchen-Vluyn u. a. 1999; sowie ders., Über Liebe und Herrschaft. Luthers Verständnis von Intimität und Autorität im Kontext des Zivilisationsprozesses, Göttingen 1991, 109ff.

Basis des neuen globalen Kapitalismus heute ist, dass immer mehr Menschen überflüssig gemacht werden – als Produzierende, als Konsument_innen, als Menschen, die am gesellschaftlichen und kulturellen Leben der Zivilgesellschaft teilhaben. Ich denke: Nicht mehr im Zwang zur Teilnahme an religiösen Ritualen, sondern in der *zwingenden Unterwerfungsbereitschaft gegenüber den Leistungs- und Selbstoptimierungszumutungen des neoliberalen Kapitalismus,* die dennoch keinerlei Gewähr auf Partizipation, ja auf den Erhalt von bloßen Existenzmöglichkeiten bietet, *wirkt das lebenszerstörerische Gesetz, von dem nach der grundlegenden reformatorischen Einsicht Martin Luthers und seiner Mitstreiter die evangelische Freiheit befreit.*

Von der reformatorischen Freiheit gegenüber dem zerstörerischen Gesetz her muss die evangelische Kirche der Entwicklung widersprechen, die Menschen massenhaft zu wertlosen und unwichtigen Wesen degradiert, muss diese Entwicklung skandalisieren, sich für die Suche nach anderen Wegen stark machen.

Die Predigt des Evangeliums von der christlichen Freiheit, die nach reformatorischer Einsicht im Zentrum des Wortes Gottes steht, muss unter den gegenwärtigen Bedingungen der Wirtschaftsgesellschaft auch und vor allem diese Menschen vor Augen haben, die in ihrem Wert missachtet, in ihrer Lebensleistung übersehen werden, die für Produktion ebenso wie für bezahlten Konsum überflüssig gemacht werden. Die Predigt des Evangeliums von der christlichen Freiheit muss gerade diese Menschen treffen, sie ansprechen, aber vor allen Dingen auch: sie selbst als Subjekte ihres Lebens, Sprechens, Partizipierens ernst nehmen. Nämlich vor allem die Menschen, die an Rändern der Wirtschaftsgesellschaft leben und denen gegenüber das Versprechen der liberalen demokratischen Kultur faktisch immer neu gebrochen wird: Gleiche Chancen mit allen anderen zu teilen.

Die faktische Situation unserer Kirchen und unserer Gottesdienste steht in einem nicht zu übersehendes Missverhältnis: Zwischen der Fülle, dem Reichtum, dem Überschüssigen und Überfließenden der »Gnade«, des überreichen Lebensgeschenkes Gottes, die wir als Predigende mitzuteilen haben, und der Schüchternheit und Spärlichkeit, der Leblosigkeit und Lieblosigkeit vieler tatsächlich sich ereignenden Predigten – und der Spärlichkeit eines politischen Engagements der protestantischen Kirchen, die diesen Predigten entspricht.

Ein Scheitern gegenüber den gesellschaftlichen Anforderungen an Leistung und Präsenz, an Mit-Machen, an Up-to-Date-sein-Können, an Selbstoptimierung usw. wird immer wieder als individuelles persönliches Versagen erlebt. Im evangelischen Gottesdienst und in der Predigt der Freiheit eines Christenmenschen muss es darum gehen, den Geschenkcharakter allen Lebens im Horizont der Erfahrungen von Entwichtigung von Menschen, von Armut und von Überflüssig-gemacht-Werden wirksam zuzusagen, dies in unseren Predigten zu mitzuteilen und im Heiligen Essen zu feiern. Und: Die evangelische Kirche kann die ihr aufgetragene Verheißungszusage auf die Dauer nicht glaubwürdig ausrichten, wenn sie in ihren Organisationsformen, ihren öffentlichen Stellungnahmen, ihrem Engagement vor Ort diese Resonanz nicht durchscheinen lässt.

Versteht die Kirche der »christlichen Freiheit« heute das Lebensgefühl der Armen?

Die Armen verstehen die evangelische Verheißung der »christlichen Freiheit« heute ebenso wenig wie vor 500 Jahren. Die Abwendung der Armutsbevölkerung von der Kirche hat sich mit den Prozessen von Industrialisierung und der massenhaften Trennung der Menschen von ihren Produktionsmitteln, mit der Entstehung einer lohnabhängigen Arbeiterschaft also, seit dem Beginn des 19. Jahrhunderts immer weiter fortgesetzt und zunehmend verschärft. Anders als in der Reformationszeit vermag die Parole der Freiheit eines Christenmenschen aber auch andere Bevölkerungskreise offensichtlich nicht mehr zu elektrisieren. Dazu gleich mehr.

Die entscheiden Frage ist heute wie damals in umgekehrter Richtung: *Versteht die evangelische Kirche, versteht die Kirche der Reformation das Lebensgefühl, die Lebenslage, die Lebenschancen und die Perspektiven der Armen?* Wird in diesem Feld heute ein überzeugendes Problembewusstsein entwickelt?

Die Arbeit der *Diakonie* leistet Hervorragendes in der Wahrnehmung und Unterstützung, in der Begleitung und in der Förderung der Selbsttätigkeit der Armen im Lande. Und bis in die 90er Jahre besteht nach Maßgabe öffentlicher Stellungnahmen auch auf der *Leitungsebene der Evangelischen Kirche in Deutschland* ein klares und klärendes Problembewusstsein über die Bedingungen und Ursachen der Armut in Deutschland. Dieses Problembewusstsein und diese öffentliche Parteinahme hat sich allerdings verflüchtigt, seitdem seit Beginn des 21. Jahrhunderts mit der Umstellung des Arbeitslosengeldes auf Hartz4 in der zweiten Schröder-Regierung das neoliberale Denken endgültig die politische »Elite« dominiert. Seitdem verlieren auch die öffentlichen Stellungnahmen der EKD an Wahrnehmungsoffenheit, an Klarheit und vor allem an Parteilichkeit für die Lebenssituation der Armen.

Dies erstaunt auch deshalb, weil die Evangelische Kirche in Deutschland in früheren Erklärungen deutliche Worte zu diesem für zahllose Menschen lebensbestimmenden Thema gefunden hat. In einer Denkschrift, die die beiden großen Kirchen im Frühjahr 1997 zur sozialen Lage in der Bundesrepublik herausgebracht haben: »Für eine Zukunft in Solidarität und Gerechtigkeit«, heißt es beispielsweise u.a.: »Die anhaltende Massenarbeitslosigkeit ist ein gefährlicher Sprengstoff: Im Leben der betroffenen Menschen und Familien, für die besonders belasteten Regionen, vor allem weite Teilen Ostdeutschlands, für den sozialen Frieden. Ohne Überwindung der Massenarbeitslosigkeit gibt es auch keine zuverlässige Konsolidierung des Sozialstaates ... Nicht nur Armut, auch Reichtum muss ein Thema der politischen Debatte sein. Umverteilung ist gegenwärtig häufig Umverteilung des Mangels, weil der Überfluss auf der anderen Seite geschont wird. Ohnehin tendiert die wirtschaftliche Entwicklung dazu, den Anteil der Kapitaleinkommen gegenüber dem Anteil der Lohneinkommen zu vergrößern. Umso wichtiger wird das von den Kirchen seit langem vertretene Postulat einer breiteren Vermögensstreuung. Dafür wurde eine Reihe von Investivlohnmodellen entwickelt ... Hinter den unterschiedlichen Definitionen von Armut verbergen sich beunruhigende Fakten: ... Die ›verdeckte Armut‹ beispielsweise. Viele Bürgerinnen und Bürger leben in sogenannter verdeckter Armut ... Zu ihnen zählen viele kinderreiche Familien mit nur einem Erwerbseinkommen.«[117]

Dieses Problembewusstsein, diese Klarheit in der Stellungnahme ist in den Positionierungen der Leitungsebene der verfassten evangelischen Kirchen im neuen Jahrhundert verloren gegangen. Auch unterhalb der höchsten Leitungsebene ist zu fragen: Ist in der Arbeit der protestantischen Kirchen vor Ort, ist in Gottesdiensten und Predigten, in der Verortung der Kirchengemeinde im Sozialraum eines Quartiers oder eines Dorfes die Wahrnehmungsoffenheit und Klarheit gegenüber der Lebenslage der Armen ausreichend entwickelt? Auch hier gibt es im Einzelnen viele Orte, an denen diejenigen eine hervorragende Arbeit leisten, die mit ihrem Gesicht, ihrer Arbeit, ihrer Existenz für die Kirche der evangelischen Freiheit einstehen. Wäre dies die vorherrschende Linie in der Arbeit der Kirche vor Ort jenseits der Diakonie, dann wäre eine kritische Bestandsaufnahme unnötig. Aber ist das so? Ich denke: Die Antwort heißt *nein*.[118]

Das Problem liegt m.E. vor allem in einer spezifischen Wahrnehmungseinstellung, die viele Vertreter in landeskirchlichen und anderen überregionalen Synoden und Kirchenleitungen teilen, nämlich: Der eigentliche Ort von Kirche ist die Ortsgemeinde. Was in kirchlichen »Diensten«, also z.B. in der

117 Für eine Zukunft in Solidarität und Gerechtigkeit, Wort des Rates der evangelischen Kirche in Deutschland und der deutschen Bischofskonferenz zur wirtschaftlichen und sozialen Lage in Deutschland, Hannover 1997, 11ff., 31f.

118 Man kann mit Hartmut Rosa auch formulieren: Die Resonanz gelingt nicht, und zwar wechselseitig. Hartmut Rosa, Resonanz. Eine Soziologie die Weltbeziehung. Frankfurt a.M. 6. Auflage 2022.

vielfältigen Arbeit der Diakonie von Krankenhäusern über Eheberatungsstellen bis hin zu Mitternachtsbussen zur Versorgung von Obdachlosen, was in Evangelischen Akademien, was in Pädagogisch-Theologischen Instituten an gesellschaftlicher Wirklichkeit erfahrbar wird, und vor allem: Was in der religionspädagogischen Arbeit und hier vor allem im schulischen Religionsunterricht an Realitätswahrnehmung zugänglich wird, das sei nur in minderem Maße evangelischen Kirche. Durch diese Wahrnehmungseinstellung wird verpasst, über den Tellerrand der kirchlichen Kernbeteiligung hinauszuschauen. In allen genannten Feldern, vor allem im schulischen Religionsunerreicht könnte die Kirche den Kontakt zu den Bevölkerungsgruppen wahrnehmen und daraus lernen, die nicht schon zum kirchlichen Insider-Feld hinzugehören – und damit auch den Kontakt zu denen im Lande, die durch Armut von der Partizipation am politischen und kulturellen Leben abgeschnitten sind.

Nun wachsen heute durchaus Initiativen, Kirchengemeinden vor Ort nicht als Ingroup, als sich selbst genügenden Kommunikationsraum zu verstehen, sondern als Bestandteil und verantwortlichen Partner in einem »Sozialraum« eines städtischen Quartiers oder einer Landgemeinde. Wo dies gelingt, entsteht kirchliche Wahrnehmungsfähigkeit gegenüber den gesellschaftlichen Problemen vor Ort, auch gegenüber der Armut.

Nur: Es gibt gerade angesichts galoppierender Kirchenaustritte und zumindest perspektivisch schwindender Finanzen auch massive Tendenzen, die zu einer Selbstabschließung der innerkirchlichen Wahrnehmungsbereitschaft beitragen. Hierzu gehören Lebensgefühle und auch bisweilen kirchenleitende Konzepte, Kirchengemeinden als sich selbst genügende Rückzugsorte anzusehen.

Ein mindestens genauso gravierendes Problem sind die seit dreißig Jahren betriebenen Regionalisierungs- und Fusionsprozesse von Kirchengemeinden. Begründet werden sie genau mit den Problemen, die sie selbst wieder verstärken: Mit schwindender Kirchenmitgliedschaft und schwindenden Finanzen. Diese Prozesse verschlingen über Jahre so viel Energie, dass die Kirchengemeinderäte schlicht keine Kraft mehr haben, über den Tellerrand der neu entstehenden Gebilde hinauszusehen. Hinzu kommt, dass Interaktionsräume Überschaubarkeit brauchen, damit sich Menschen in ihnen orientieren, zu Hause fühlen, wenn möglich engagieren können. In den großen und bisweilen vom einzelnen Standort aus schwer zu überschauenden Gebilden wie den fusionierten und regionalisierten Gemeinden ist dies immer weniger der Fall.

Ein weiteres Problem liegt in der Milieuorientierung, die in den kirchlichen Mitgliedschaftsuntersuchungen der letzten Jahrzehnte dominierend wurden. Gedacht als Brille, die gesellschaftliche Wirklichkeit differenzierter wahrzunehmen, führt aber gerade dieses methodische Instrumentarium der Milieuaufmerksamkeit dazu, dass die Armen im Lande ein weiteres Mal aus dem Blick geraten. In der kirchlichen Wahrnehmung von Armut sind die empirischen Methoden zur Wahrnehmungsdifferenzierung und die theoretischen Instrumentarien zur Interpretation, die z.B. in Mitgliedschaftsuntersuchungen oder Milieustudien verwendet werden, oft nur eingeschränkt tauglich. Die *Milieuaufmerksamkeit* des institutionalisierten Protestantismus hat die *Lebenslage der Armen* nicht erreicht. Vielleicht versteckt sich ihr Leben noch am ehesten unter dem, was unter dem Milieu-Typus der »unauffälligen, traditionsorientierten Zurückgezogenen« (Altersdurchschnitt: 53 Jahre) thematisiert wurde. Auffällig ist in jedem Falle, dass in Mitgliedschaftsuntersuchungen oder »Milieu-praktisch«-Beiträgen *der sozialwissenschaftliche Diskurs über soziale Differenz* nur recht schmal rezipiert wurde.[119] »Lebensstil« steht zu stark im Fokus der Rezeption, »Lebenslage« und »Lebensführung« als Wahrnehmungseinstellungen zu wenig.

Diese Konzepte, »Lebenslage« und »Lebensführung«, erlauben dagegen, individuelle, an die Selbsttätigkeit der Subjekte gebundenen Perspektiven ernst zu nehmen und zugleich die Grenzen zu thematisieren, die durch gegebene oder verweigerte Partizipationsmöglichkeiten und Beteiligungschancen gezogen werden, die wiederum eng mit den jeweils verfügbaren *Haushaltseinkommen* verbunden sind, also dem Einkommen, das einem gemeinsam geteilten Lebenszusammenhang faktisch monatlich zur Verfügung steht - und damit der sozialen Zuweisungen von Armut bzw. Reichtum. Die Konzepte »Lebenslage« und »Lebensführung« erlauben, die Zweiseitigkeit von Subjektorientierung und Wahrnehmung »objektiver« sozialer Lebensbedingungen zu achten. Um es salopp zu formulieren: »Lebenslage« beschreibt das Gesamt der ermöglichenden oder aber einschränkenden gesellschaftlichen Bedingungen, unter denen menschliche Individuen und Gruppen ihr Leben leben; »Lebensführung« beschreibt,

119 Claudia Schulz, Eberhard Hauschildt und Eike Kohler, Milieus praktisch. Analyse- und Planungshilfen für Kirche und Gemeinde. Göttingen 2008.

was sie daraus machen, immer wieder auch im Widerstand und Widerspruch gegen einschränkende und ausgrenzende gesellschaftliche Mechanismen. Die in den letzten Jahrzehnten bis in die kirchlichen Mitgliedschaftsstudien dominierenden *Milieuuntersuchungen haben das Problem der Armut, haben Lebenslage und Lebensführung der Armen nicht in den Blick genommen.* Dies ist *ein* weiterer Hinweis auf ein fehlendes Problembewusstsein in der kirchlichen Arbeit jenseits der Diakonie.

An diesem Punkt legt sich eine Hypothese nahe zu den eigentlichen Gründen des – auch heute – *fatalen* Nicht-Verstehens der protestantischen Kirche gegenüber den Armen. Auch da, wo ausdrücklich die *Trennung von Milieus* im Fokus des wissenschaftlichen Interesses liegt, kommt die *Lebenswelt der Armen* nicht in den Blick. Im Bewusstsein aller historischen Entwicklungen und Differenzen seit der Zeit von Reformation und Bauernkrieg, deren ausführliche Thematisierung den Rahmen dieser Untersuchung sprengen würde, heißt die Hypothese: *Die in den protestantischen Kirchen engagierten Menschen – und dies gilt auch und vor allem für die in Kirchenleitungen engagierten Menschen – verstehen auch heute die Welt der Armen nicht, weil sie vollständig anders leben.* Dies betrifft die Möglichkeiten gesellschaftlicher, politischer, kultureller Partizipation. Dies betrifft die Chancen für sozialen und ökonomischen Aufstieg. Dies betrifft die Chancen und realen Zugänge zu Bildung. Dies betrifft, was in den Milieustudien im Mittelpunkt steht, Lebensstil und Geschmack. Dies betrifft die Chance für Mobilität in allen räumlichen, aber auch intellektuellen Bereichen. All dies hat seine wesentliche Bedingung in der Höhe bzw. dem Mangel im Haushaltseinkommen.

Die Menschen aus der Lebenswelt der Armutsbevölkerung verstehen umgekehrt nicht, wie die Menschen leben, die sich in den protestantischen Kirchen zu Hause fühlen, und zwar genauso: Weil sie fundamental anders leben. Und dies betrifft keineswegs die protestantischen Kirchen allein. Anders als vor fünfhundert Jahren ist nach der Auswanderung von Arbeiterschaft und Armutsbevölkerung seit Beginn der Industrialisierung in Deutschland das Bewusstsein, dass die Kirchen in Deutschland den Armen keine Heimstatt bieten, so verfestigt, dass das Interesse daran, an dieser Lebenswelt teilzunehmen, fast vollständig zusammengebrochen ist, und zwar weit über die Teilnahme an Gottesdiensten und anderen Angeboten der Kirchen hinaus. Und ebenso weit über die aktuell grassierende Kirchenaustrittsbewegung hinaus.

Es gibt allerdings, denke ich, einen weiteren zentralen Unterschied der Lage heute zu der historischen Situation von Reformation und Bauernkrieg. Damals, das habe ich in der vorliegenden Untersuchung zu zeigen versucht, *konnten* sich Reformatoren und der »Gemeine Mann« nicht verstehen. Dies ist, denke ich, *heute* in der Zeit der Entwicklung sozialwissenschaftlichen Forschungsinstrumentariums, angesichts der modernen Kommunikationsmöglichkeiten und insbesondere der sozialen Netzwerke *anders*. Heute *könnten* sich die in Kirchenleitungen und Gemeinden engagierten Männer und Frauen anders orientieren. Die Möglichkeiten sind da. Es fehlt, traurig genug zu sagen, an Willen und an der Risikobereitschaft, eingefahrene Wege zu verlassen. Radikal formuliert: In vieler Hinsicht handelt es sich um ein Problem spiritueller Faulheit.

Ich gebe ein Beispiel für heute gegebene Möglichkeiten. Moderne *Netzwerktheorien* stellen ein hervorragendes Instrumentarium bereit, über den Tellerrand der eigenen Lebenswelt hinauszusehen und Handlungsoptionen zu entwickelt. Die Formel »Kommunikation des Evangeliums« taucht seit Ernst Lange immer wieder in praktisch-theologischen Entwürfen als Basis-Verständigungsformel für evangelisch-kirchliches Handeln auf.

In Kommunikationen in spätmodernen medialen Gesellschaft liegt die *Grenzlinie* heute *nicht zwischen Kommunikation zwischen leiblich Anwesenden und virtueller Kommunikation.* Beide Lebensfelder spielen ständig ineinander, teilweise sind sie gleichzeitig. Netzwerktheoretisch ist hier das Stichwort »Adressierung« wichtig: Wie nehme ich diejenigen wahr, die zum eingespielten kommunikativen Feld gehören, und vor allem: wie nehme ich diejenigen wahr, die *noch nicht* dazugehören, und wie erreiche ich sie? Jede_r ist zugleich in ein ganzes Set von leiblich präsenten und virtuellen Adressen vernetzt. Für die kirchliche Arbeit ist in all ihren Feldern nötig, dass alle Beteiligten annehmende und wiedergebende, mit gleichen Rechten partizipierende Subjekte von Kommunikation sind und auch so wahrgenommen werden. Entscheidend für die Wahrnehmung ist, dass in den Adressierungen Scheuklappen und Ausblendungen möglichst schon im Ansatz vermieden werden. Ich gebe ein Beispiel: Nicht nur Lebensstile sind für Adressierungen von Kommunikation wichtig – z.B. Geschmack in Musik, Kleidung, Filmen, Sprachspielen und alles, was die Milieutheoretiker_innen so interessiert, sondern auch die Dimensionen Lebenslage und Lebensführung. Also beispielsweise solche Lebenslage-Dimensionen wie: Haushaltseinkommen. Größe, Lage, Qualität und Mietpreis der Wohnung. Verkehrsmäßige Anbindung, Bildungsmöglichkeiten: Kindergärten, Schulen, Erwachsenenbildung usw. Treffpunkte und kulturelle Events von Eckkneipe, Kiosk, bis hin zu Bürgerhaus und Kulturzentrum usw. Zudem Aufmerksamkeit auf Lebensführungsfragen. Wie gehen die Menschen mit ihren Lebenslagen um? Welche Spiele, Strategien, Lebensgefühle sind wahrnehmbar zwischen Einstimmung und Veränderung, Rückzug und Präsenz, Apathie und Widerstand – mit vielen möglichen Zwischentönen? Und an welchen Knoten von Netzwerken, Treffpunkten und Andockmöglichkeiten in der körperlich präsenten oder medialen Welt bekomme ich all das raus? All dies können Menschen wahrnehmen, die sich in den Kirchen engagieren, auf kirchenleitender Ebene genauso wie in den Gemeinden, die sich als *Teile eines Sozialraumes* verstehen lernen müssen, der weit über die Grenzen der Kirchenmitgliedschaft hinausgeht, aber einen Raum gemeinsam geteilten Lebens darstellt, in allen Chancen und allen Konfliktmöglicheiten. Die Wahrnehmungsinstrumentarien jedenfalls sind vorhanden.

Armut ist ein lokales und ein globales Problem. Armut ist »glokal«. Heute muss wahrgenommen werden: Die soziale Spaltung zwischen arm und reich in unserer Gesellschaft und weltweit nimmt immer dramatischere Formen an. Es gibt immer reichere und immer mehr arme Menschen. Zur Armutsbevölkerung gehören als größte Gruppen: Erwerbslose, Alleinerziehende, Kinder und Jugendliche, Flüchtlinge. In unserem Lande zeigt sich Armut als Lebenslage in diesen Dimensionen: Armut heißt nicht allein und nicht zuerst materielle Not – Mangel an Essen und Trinken, Wohnung, Kleidung. Wobei genau diese Einschränkungen in der Zeit explodierender Inflation drückender werden. Armut heißt vor allem Ausschluss aus Selbstbestimmungsmöglichkeiten und Partizipationsmöglichkeiten am gesellschaftlichen Leben. Arme Menschen sind nicht mobil, weder räumlich noch sozial. Arme Menschen haben keine Möglichkeit, am kulturellen und politischen Leben, an Entscheidungsprozessen in unserer Gesellschaft zu partizipieren in einem Maße, dass sie sich als Subjekte ihres Lebens erfahren können. Armut bemisst sich an verunmöglichten Chancen zur Partizipation am ökonomischen, sozialen, kulturellen Leben.

Entscheidend für die Verteilung von Selbstbestimmungs- und Partizipationsmöglichkeiten ist das *Haushaltseinkommen.* In Deutschland wird viel Geld für Familienförderung ausgegeben. Es gibt gezielte Anstrengungen, für *gleiche Bildungsmöglichkeiten für alle* zu sorgen. Inklusion ist gegenwärtig eine wichtige Maxime für Kindergärten, Schulen und andere Bildungseinrichtungen. All dies ist notwendig, wird gegen die Ausgrenzung der Armen und insbesondere gegen Kinderarmut jedoch nur helfen, wenn zugleich das Haushalteinkommen der armen Familien langfristig angehoben wird. Nur ein auskömmliches Haushaltseinkommen bietet Eltern – und insbesondere alleinerziehenden Eltern – die Chance, die vorhandenen Mittel wirksam ihren Kindern zugute kommen zu lassen.

Die andere Seite der sozialen Polarität: In unserer Gesellschaft nimmt Reichtum in einem Ausmaße zu, dass er nicht mehr sinnvoll investiert und konsumiert werden kann und über Börsenspekulation die Finanzkrise antreibt. Die Bewegungen auf dem Finanzmarkt sind in erheblichem Maße von produktiven Wirtschaftsbereichen entkoppelt, von den gesellschaftlichen Bedarfen in Bildung, sozialer Sicherung, kultureller Förderung ganz zu schweigen, ebenso von dem, was Menschen als lebendige und beziehungsorientierte Wesen brauchen.

Armut ist in jeder Gesellschaft ein Skandal, besonders aber in Gesellschaften wie der deutschen, in der zugleich ungeheuer großer Reichtum angesammelt wird. Die Kirchen haben in ihrer Geschichte immer wieder Armut als Herausforderung zum sozialen Engagement angenommen. In den Mönchsorden und im »gemeinen Kasten« der Reformationszeit, in Pietismus, Aufklärung, und Innerer Mission gab es immer wieder Aufbrüche, die zerstörerischen Folgen für die von Armut betroffenen Menschen zumindest zu mildern. An diese Traditionen muss auch heute angeknüpft werden, wenn die Kirchen die Chance zu einem Kontakt mit den Armen erhalten – oder besser: gewinnen wollen.

»Freiheit eines Christenmenschen« – Die evangelische Zentralbotschaft wird auch heute nicht verstanden. Was ist zu tun?

Das Unverständnis gegenüber der evangelischen Zentralbotschaft ist dramatischer für die Lebenschancen des Protestantismus als jede finanzielle Krise. Die Situation heute ist anders als in der Reformationszeit. Eine Zusage, dass die Beteiligung an religiösen Ritualen zur Erlangung von Schuldvergebung nicht mehr nötig sei, um die Beziehung zu Gott »in Ordnung zu bringen«, trifft auf Unverständnis, weil an eine Verpflichtung zur Teilnahme – bis auf überschaubare Kreise eines fundamentalisischen Christentums – heute kaum jemand glaubt. Zumindest im Raum evangelischer Kirchlichkeit ist die Überzeugung von der Wirkungslosigkeit religiöser Rituale ins Lebensgefühl übergegangen – in einer Radikalität, dass ein soziales Gedächtnis, nach dem so etwas einmal zum alltäglichen Lebensvollzug gehört hat, vollständig verschwunden scheint.

Wir brauchen Sensibilität, Einfühlungsvermögen, auch Klarheit in der Wahrnehmung dessen, was Menschen heute bedrückt. Wovon müssen Menschen befreit werden, um Lebensgewissheit zu erlangen? Die Reihenfolge ist wichtig. Wenn man auf die Praktiken von Religionen achtet – und nicht auf ihre Dogmen –, geht es immer wieder um eine Bewegung in drei Schritten:

- Leben Zerstörendes wird in Gebeten und Liturgien ausgesprochen, wird in Klage, Protest und Trauer dem Grund des Lebens anvertraut und auf diese Weise »entsorgt«.

- Klärung wird gesucht, wo aktuell Leben oder Lebensgewissheit gefährdet ist in Krisen und Konflikten. Wer braucht gerade jetzt meinen und unseren Beistand?
- Und schließlich wird Heil erbeten: Wohlergehen in Körper und Seele – und in den Lebensbedingungen. Beten für das Kommen einer Welt, in der Leid und Gewalt keine Macht mehr haben und alle Tränen abgewischt werden.

Auch jenseits der Praktiken von Religionen, auch in alltäglichen Konflikten und in gesellschaftlichen Krisen wird dieser Dreischritt eingehalten, um Leben zu bewahren und Lebensmöglichkeit zu gewinnen: Zerstörerisches soll einen Lebenszusammenhang verlassen. Aktuell Brisantes soll geklärt werden. Für heilsamere Lebensmöglichkeiten soll gesorgt werden.

Was ist die Mitte, was ist der heilsame Grund dieses lebenserhaltenden Dreischritts? Heilsam sind religiöse Praktiken, persönliche Lebensstrategien und politische Bewegungen nur dann, wenn sie nicht rigide sind. Wenn sie Gelassenheit zulassen gegenüber Scheitern. Wenn sie andere Orientierungen respektieren. Und vor allem: Wenn nicht alles abhängig gemacht wird von den eigenen Kräften, vom Siegen-Können und vom Erfolg. Mit einem Wort: Heilsam sind religiöse Praktiken, persönliche Lebensstrategien und politische Bewegungen nur dann, wenn sie nicht fundamentalistisch sind. Nötig ist eine Haltung des Lassen-Könnens. Eine Haltung der Gelassenheit. Der Offenheit gegenüber dem Geschenk des Lebens.

Die mystischen Traditionen in den großen Religionen schlagen Wege zur Befreiung vor, zum Grund des Lebens zu finden. Reli-

gionen bieten Symbolwelten, durch die zerstörerische Mächte ein Gesicht bekommen. Beispielsweise die »sieben Todsünden« (Größenphantasien, Neid, Geiz, Gier, sexuelle Bemächtigung, Konsumismus, depressive Abwendung von der Lebendigkeit des Lebens). In einer anderen machtvollen Religion gilt das Begehren selbst, mit dem sich Menschen an vergängliche Dinge klammern, als Ursache allen Leidens. Abhängigkeit von Macht, Geld und sozialem Ansehen werden als zerstörerische Besetzung des Herzens erkennbar. Ich muss in meinen Intentionen und meinem Verhalten davon frei werden, um zu meinem Lebensgrund zu finden. Zum Kontakt mit mir selbst und Anderen.

In der jüngeren politischen Geschichte unseres Landes haben diese Abhängigkeiten, die von vielen gewollt und gewählt wurden, eine besonders zerstörerische Macht entfaltet. Heute scheinen solche zerstörerischen Mächte (zumindest in unseren Breiten) weniger erdrückend. Wenn ich genau hinsehe, sind sie aber auch in unserer Gesellschaft mächtig. Gerade weil sie subtiler wirken. Sie setzen weniger auf äußeren Druck als auf innere Faszination und Selbstkontrolle durch die einzelnen selbst. Sie wirken durch Beschämung, nicht gut genug zu sein. Sie zielen auf narzisstische Sehnsüchte, durch eigene Leistung alle andern zu überflügeln und durch selbst erwirtschaftete Lebenssicherheit Angst und Scham zu überwinden. Viele Menschen sind von der Phantasie beherrscht, immer besser werden zu müssen, um mithalten zu können: Allein, gegen alle anderen. Nicht als gemeinsames Projekt für eine bessere Welt, sondern als »Selbstoptimierung«. Ich atme auf, wenn ich davon frei werde. Ja: Gerade hier ist Befreiung notwendig. Eine evangelische Kirche, die die »Freiheit eines Christenmenschen« wirksam mitteilt, kann darin eine Hilfe sein.

Was heißt »Rechtfertigungsverheißung«?

Es ist für das Überleben des Protestantismus schlechterdings lebensnotwendig, dass seine zentralen Botschaften: Die Freiheit des Christenmenschen und die Rechtfertigung des Menschen unabhängig von seinen Leistungen – verstehbar mitgeteilt werden und das Lebensgefühl der Leute erreichen können. Wichtig scheint mir: Es handelt sich bei der »Rechtfertigung« des gottlosen Menschen durch Gott gerade nicht um eine dogmatisch möglichst sorgfältig auszuformulierende *Lehre*, sondern um ein existenzielles Geschehen, in dem das menschliche Selbst- und Sozialverhältnis neu gemacht wird. Martin Luther selbst ist nicht in entspannter Gelehrsamkeit, sondern in jahrelangem existenziellem Ringen zum reformatorischen Durchbruch im Verständnis der Gerechtigkeit Gottes gekommen.[120]

---

120 Ich folge in dieser Frage weitgehend Ernst Bizer, Fides ex auditu …, Neukirchen 1958, insbesondere 22ff., 100ff.: Seit 1517/18 öffnet sich ihm das neue Verständnis von der Gerechtigkeit Gottes.: Sie wird jetzt nicht mehr als strafende Gerechtigkeit, sondern als geschenkte Gerechtigkeit verstanden. Der Glaube wird nicht mehr an äußere Handlungen und Verhaltensweisen gebunden. Im Ablassstreit formuliert Luther dieses neue Verständnis vom Sakrament der »Buße« und von der Wirkung des Sakramentes überhaupt aus und verteidigt es gegen seine theologischen Kritiker. Bis dahin galt: Im Handlungsvollzug des Sakraments teilt sich Gott mit, das Sakrament bewirkt die Gerechtigkeit des Menschen (»ex opere operato«). Luthers neue Einsicht ist demgegenüber: Der Glaube des Empfängers ist das grundlegende Element im Geschehen zwischen Gott und Mensch, durch das der Mensch gerecht wird.

Evangelisch-christlicher Glauben zeigt darin sein besonderes Gesicht, dass er mehr und anderes ist als Rechtleitung und Rechthandeln, mehr als der Versuch, im jeweils eigenen Lebensvollzug dem Willen Gottes zu entsprechen. Evangelischer Glaube ist tiefes Vertrauen in Gott, ist Eingebundensein in eine tiefe Beziehung zu Gott und den anderen Menschen. Evangelischer Glaube befreit als »christliche Freiheit« von der selbstzerstörerischen Vorstellung, Gott alles empfangene Gute heimzahlen und »wieder gut machen« zu müssen. Es ist insbesondere ein reformatorischer Basistext, in dem diese Wahrheit des Glaubens als Lebensgefühl Gestalt gewonnen hat.

In der reformatorischen Grundschrift »Traktat von der christlichen Freiheit«[121] beschreibt Luther 1520 das Wesen der christlichen Freiheit als Freiheit des »inneren Menschen« mit dem intimen Bild einer Hochzeit: Der Glaube verbindet die Seele des Menschen mit Christus wie die Braut mit dem Bräutigam. Christus und die Seele werden »zu einem Fleisch«. Dadurch, dass der Glaube als Mittler in die Beziehung eintritt, kommt es zu einem »fröhlichen Wechsel und Streit«[122], wie Luther formuliert: »So kommt es, dass Christus

121 WA 7, 49ff. hier zit. nach: H. Beintker, Hg., Die reformatorischen Grundschriften in vier Bänden, Band 4, Darmstadt 1983, S. 18. 19. 26ff. 33f.

122 Marcel Mauss, Die Gabe. 1975, (1924), S. 27, unterscheidet im System des Gabentausches diese Dimensionen: - die Verpflichtung, empfangene Geschenke zu erwidern; die Verpflichtung, Geschenke zu machen; - die Verpflichtung, Geschenke anzunehmen. Natur und Götter sind in ursprünglichen Gesellschaften in dieses System einbezogen. Im zentralen Unterschied zur kapitalistischen Warenökonomie handelt es sich hier nicht um einen

Sünde, Tod und Hölle gehören, der Seele aber Gnade, Leben und Heil. Denn er muss, wenn er Bräutigam ist, zugleich das, was die Braut hat, annehmen und der Braut Anteil geben an dem, was sein ist«.

Gerechtigkeit für Sünde, alles für nichts – das ist, denke ich, eine unschlagbare Metapher für die liebevolle Großzügigkeit Gottes. »Er wird ein Knecht und ich ein Herr«, »er gibt die klare Gottheit dran«, wie es im Weihnachtslied heißt.

Dieses überschwängliche, unprovozierte Geben Gottes schafft menschliche Existenz neu. Es handelt sich hier um eine dem reziprozitätsorientierten Austausch entzogene Gabe. Sie *muss und kann, kann und muss nicht erwidert werden*. Sie begründet als »Identitätssmarker« evangelischer Religion jenseits jeder Reziprozitätslogik die individuelle menschliche Identität ebenso wie seine Sozialität.[123]

Wenn im Glauben an Jesus Christus der gerechte Gott und der sündige Mensch zusammenkommen, tauschen sie Gaben in einer Weise aus, dass alles für nichts, Gerechtigkeit für Sünde getauscht wird – und dass dieser völlig ungleiche Tausch von Gott als gut angesehen wird. Der gerecht gesprochene Sünder wird in der Konsequenz zwanglos »den Leib regieren« und »mit den Leuten umgehen«. Er ist *befreit zu spontaner Güte* jenseits eines zwanghaften Moralismus.

äquivalenten Austausch von Waren zum Zweck der Akkumulation von Wert im Interesse individueller Wirtschaftssubjekte, sondern um einen verpflichtenden reziproken Austausch mit dem Ziel einer Bewahrung bzw. Wiederherstellung gemeinsam geteilter Lebenszusammenhänge.

123 Theodor Ahrens, Gewaltunterbrechung durch religiöse Verbundenheit? Zum Gespräch mit Hans-Martin Gutmann. In. Ders., Werner Kahl Hrsg., GegenGewalt. Ökumenische Bewährungsfelder. Leipzig 2012, 82.

Meine Hypothese ist: In diesen Passagen der Freiheitsschrift Luthers findet sich in elementarer Form und metaphorischer Formulierung eine Perspektive, Individuierung und Sozialisierung des Menschen zusammenzudenken – in anderer und befreiender Weise, als dies in der bürgerlich-kapitalistischen Freiheitsgeschichte gedacht und historisch wirksam geworden ist.[124]

Historisch ist die *Individuation* des Menschen als Befreiung aus der feudalen Gabentauschökonomie, die zugleich Schutz gewährt und Unfreiheit bedeutet hat, mit der Durchsetzung der *Waren*tauschökonomie unmittelbar verbunden. Individuation und Freiheit des Individuums scheinen historisch an die historische Durchsetzung des Kapitalismus gebunden zu sein.

Soziale, ökologische und individuelle Kosten dieser Entwicklung lassen es heute nicht mehr zu, von einer alternativlosen Erfolgsgeschichte zu sprechen. Weltweite Explosion der Armut und Zerstörung traditionaler sozialer Sicherungen, irreversible Umweltzerstörungen und Zerstörung erzählbaren Lebensgeschichten und lebbarer Beziehungen machen dieses Modell für das Lebensglück von Individuen genauso wie für die gesellschaftliche Wohlfahrt untauglich.

Wie kann gegenüber diesem vorherrschenden Modell, individuelle Freiheit mit der Freiheit der Wirtschaftssubjekte des kapitalistischen Marktes gleichzusetzen, ein Modell evangelischer Freiheit als Alternative eine lebbare Gestalt gewinnen? Ein Freiheitsmodell, in dem sich Freiheit mit bleibender – verpflichtender und befreiender, wertschätzender,

124 Vgl. Wolfgang Beutin,, Der radikale Doktor Martin Luther: Ein Streit und Lesebuch. Köln 1982.

ja liebevoller *Beziehung* zu Gott, zu den Mitlebenden und zu sich selbst vermitteln kann?

Das Evangelium beinhaltet die Zusage und das Versprechen, weder erlittene Gewalt noch erfahrenes Gutes »heimzahlen« zu müssen. Das Zentrum der evangelisch-christlichen Religion liegt in der Aufhebung und Unterbrechung der verpflichtenden Reziprozitätslogik im Zerstörerischen wie im Heilsamen. Christliche Freiheit heißt: die Menschen sind von der meist unbewusst wirksamen Verpflichtung befreit, im Schlechten wie im Guten Empfangenes heimzahlen zu müssen – befreit zu *lebendiger Beziehung*. Dieser Freispruch, den Gott in der Geschichte Jesu Christi seinen Menschen mitteilt, richtet in sich verkrümmte Gestalten auf, nimmt drückende Last von Körper und Seele, und eröffnet ein Lebensgefühl und eine Haltung der Dankbarkeit und Beziehungsoffenheit, die jenseits von Selbstbezogenheit und drückender Verpflichtung zum »Heimzahlen« eine Beziehungsgestalt lebbar macht, in der Liebe und Freiheit zwanglos zusammengehen können.

Im Zentrum ist damit eine Haltung beschrieben, sie sich als Desensibilisierung und Freiheit gegenüber den Zumutungen des Um-sich-selbst-Sorgen-Müssens realisieren kann. Gott hat das Leben in Fülle gegeben. An Gott glauben heißt glauben, dass für alle genug da ist, dass Gott für alle seine Lebewesen sorgt. Ein Lebensgefühl, das Kraft dafür freisetzt, jenseits von Knappheitssorgen und selbstbezogenem Haben-Müssen eine freie Sozialität zu entwickeln, in der spontane Güte zu Hause sein kann – und *so* der Mensch dem Menschen ein Helfer ist.

Das bürgerlich-kapitalistische Modell individueller Freiheit ist verbunden mit einer Lebenshaltung, die im Kern abstrakt bleibt gegenüber dem je individuellen Gesicht der Dinge und auch der Lebewesen. Alles kann gegen alles getauscht werden, das ist das Grundgesetz dieser ökonomischen Logik. Die Übersetzbarkeit einer jeden Ware, auch der Ware menschliche Arbeitskraft in *Geld* ist Inbegriff dieser Abstraktheit und Vergleichgültigung. Dagegen entspricht eine Haltung evangelischer Freiheit dem Glauben daran, dass Subjekt allen Lebens Gott ist, der Himmel und Erde gemacht hat und der nicht fahren lässt das Werk seiner Hände. Während in der Warenwelt alle Dinge und tendenziell auch alle Menschen *gleich* werden, nämlich im Geld als abstraktem Wert austauschbar werden, wird in der biblischen Erzählung von der Beziehung zwischen Gott und seinen Menschen immer auf die *Eigentümlichkeit* und *Differenz* allen Lebens geachtet, von Anfang an bis zum Ende.[125] Evangelische Freiheit lebt so in einer Haltung, nicht nur Eigenes zur Gestalt zu bringen, sondern das unaustauschbare Gesicht des Anderen zu achten, den Anderen nicht von vornherein unter seine Zugehörigkeiten religiöser, nationaler, sozialer Art zu verrechnen, sondern in jeder Begegnung mit der Freiheit des Anderen zu rechnen, sich mir anders und neu zu zeigen, als dies nach rigiden Interpretationen eigener und fremder Identität zu erwarten wäre – und damit auch mich selbst zu einer Haltung immer wieder neu herauszufordern, in der sich individuelle Freiheit mit gelebter verantwortlicher Beziehung verbinden kann.

Der anfängliche Siegeszug der Botschaft Martin Luthers hat seinen Grund in der Inhaltlichkeit seiner Botschaft. Luthers

125 Vgl. Th. Ruster, Artikel »Geld«. In: N. Mette u.a. Hg., Lexikon der Religionspädagogik, Neukirchen 2000.

Freiheitserfahrung: Gottes Liebe kann und muss nicht verdient werden. Sie ist nicht Ergebnis, sondern Voraussetzung für die Umkehr des sündigen Menschen. Sie wird umsonst und ohne Vorleistung geschenkt. Heute muss diese Befreiungserfahrung das *Gesetz* treffen, das Menschen im Innersten beherrscht, an dem sich ihre Lebensgewissheit, ihr Selbstverhältnis, ihre Beziehungsmöglichkeiten zu anderen Menschen und Kreaturen entscheidet.

Die äußeren Zwänge sind doch da. Die entscheidende Frage ist: Welchen Platz räume ich ihnen in meinem Herzen ein? Will ich, dass mein gesamtes Alltagsleben davon bestimmt wird? Will ich mein Herz daran hängen? Das Herz wird leichter, wenn ich diese Fragen kläre. Ich werde spüren, dass die Wahrheit meines Lebens anders ist.

Ich lebe, weil ich geliebt werde. Mein Leben ist aus Liebe entstanden. Und ich kann nur weiterleben, jeden Tag, weil ich liebevoll und mit zärtlichem Blick angesehen bin. Ich kann diesem inneren Bild in meinem Herzen Raum schaffen. Sicher: Oft genug steht das gegen das anscheinend Offensichtliche. Aber es ist heilsam.

Gegen den Augenschein: Hier liegt die Wahrheit meines Lebens. Dies ist der Ort, aus dem ich alltäglich Kraft gewinne. Wenn ich dieser Wahrheit in meinem Herzen Raum schaffe, verlieren äußere Zwänge ihre Macht. Sie sind nicht alles im Leben. Ich kann wahrnehmen, dass ich nicht allein bin. Andere sind da, auf die ich mich verlassen kann. Ich bedeute anderen etwas. Ich kann ihnen etwas geben. Ich kann mich darauf verlassen, dass sie für mich da sind, wenn ich das brauche. Wenn ich dieser Lebensgewissheit vertraue, verändert sich mein Leben. Ich kann neu, freier, risikofreudiger leben. Mit anderen. Mit mir selbst. Ich kann mich engagieren. Zwanglos, nicht rigide, aber klar in meinen Positionen. Es geht heute auch, aber nicht nur darum, an einer Welt mitzuarbeiten, in der der Menschen dem Menschen ein Helfer sein kann. Es geht, fundamental, um die Rettung der weiteren Lebensmöglichkeiten auf unserem gemeinsam geteilten Planeten.

Was können die protestantischen Kirchen, was können die Kirchen gemeinsam dazu beitragen – in Kooperation und Solidarität mit anderen Religionen, in Kooperation und Solidarität mit allen Menschen guten Willens¿ Die protestantischen Kirchen sind in unserem Land an jedem Ort präsent, in jedem Stadtquartier und in jedem Dorf. Und auch wenn die kirchleihen Angebote zurückgefahren werden, wird dies auf Sicht so bleiben. Wenn nicht institutionell, dann mit guten Gesichtern von Menschen, die sich engagieren. Und: Die protestantischen Kirchen sind zugleich weltweit vernetzt. Sie sind Teil der ökumenischen Bewegung der globalen Christenheit. Die protestantischen Kirche sind machtvolle und wirksame Akteure. Sie müssen dies nur endlich wahrnehmen und realisieren.

Die protestantischen Kirchen sind Teil der ökumenischen Bewegung für Gerechtigkeit, Frieden und Bewahrung der Schöpfung. Sie bestehen damit, klarer als viele im Tagesgeschäft versinkenden politischen Akteure, auf dem unlösbaren Zusammenhang genau dieser drei Rettungsoptionen für das Leben auf unserem Planeten. An vielen Orten und in vielen Gemeinden ist das Engagement ausbaufähig. Keine Frage. Hier mehr Lebensenergie hineinzugeben ist, wie gesagt, überlebensnotwendig.

In der aktuellen historischen Situation, in der *die politischen »Eliten« von »Zeitenwende« nicht* deshalb sprechen, um mehr Gerechtigkeit für eine sozial explodierende Gesellschaft und gegen eine drohenden Machterweiterung der extremistischen Rechten durchzusetzen; in einer Zeit, in der mit »Zeitenwende« offiziell *nicht* gemeint ist, Frieden durchzusetzen, sondern auf Konfrontation und Gewalt zwischen konkurrierenden ökonomischen Machtblöcken zu setzen; in einer historischen Lage, in der mit »Zeitenwende« offiziell *nicht* gemeint ist, endlich radikal umzusteuern und der Vernichtung von Leben und Wohlstand auf unserem Planeten durch die menschengemachte Klimakatastrophe wirksam entgegenzuarbeiten: *In dieser aktuellen historischen Situation muss die Aufgabe der Kirchen ergriffen und realisiert werden, endlich für eine unbedingt not-wendige, realistische, ja überlebensnotwendige »Zeitenwende« mit anderen religiösen und politischen Akteuren zu kämpfen. Und aktuell heißt das vor allem: Die Vorbereitung und bereits bestehende Orientierung auf Gewalt in der Durchsetzung politischer und ökonomischer Interessen muss mit allen Mitteln bekämpft werden. Denn die Hysterie in der Wahrnehmung von internationalen Interessenkonflikten und die laufende Kriegsrhetorik und Kriegsvorbereitung verhindern, dass die eigentlich brennenden und unbedingt zu lösenden Konflikte in den Fokus der Wahrnehmung und des Handelns gestellt werden: Gegen die Zerstörung von Lebensmöglichkeiten und Wohlstand auf unserem Planeten durch den ökologischen Supergau genauso wirksam aufzustehen wie gegen die Zerstörung der Lebensmöglichkeiten und Lebenschancen eines immer größeren Teils der Bevölkerung und weltweit durch Armut.*

Deshalb.
In aller christlichen Freiheit.
Nicht rigide.
Beseelt durch spontane Güte:
Auf die Matratzen!

Dank
Ich danke Barbara Müller und Golnar Sepehrnia für wichtige und hilfreiche Hinweise. Meiner Liebsten Birgit Kuhlmann danke ich, dass sie meinen neuerlichen Schreibanfall mit Gelassenheit und Wertschätzung begleitet hat.

Weitere Titel vom Autor:

Hans-Martin Gutmann
Mein Vater und der Krieg
Eine praktisch-theologisch interessierte Suchbewegung zu Individualität, Politik und Religion
190 S., kart., ISBN 978-3-86893-107-5

Hans-Martin Gutmann
sich einsetzen, sich hingeben, sich nicht hergeben
Protestantische Einwürfe zu umstrittenen Lebenshaltungen
Zum 75. Geburtstag von Manfred Josuttis. Im „Zeitalter der Lebensgefahr" sich in Verantwortung rufen lassen durch das offene Angesicht des Mitmenschen, der um seine Lebensmöglichkeiten gebracht wird.
262 S., kart., ISBN 978-3-86893-060-3

Hans-Martin Gutmann
Martin Luthers „christliche Freiheit" in zentralen Lebenskonflikten heute
Intimität gestalten. Verantwortlich leben. Freiheit realisieren
256 S., kart., ISBN 978-3-86893-143-3

Hans-Martin Gutmann
Evangelisch leben zwischen
Religion, Politik und populärer Kultur
296 S., kart., ISBN 978-3-86893-207-2

Hans-Martin Gutmann
Engagierter Protestantismus
Warum wir theologisches Nachdenken brauchen
307 S., kart., ISBN 978-3-86893-321-5

Hans-Martin Gutmann
„Irgendwas ist immer"
Durchs Leben kommen. Sprüche und Kleinrituale - die Alltagsreligion der Leute
142 S., kart., ISBN 978-3-86893-127-3

Hans-Martin Gutmann
Da liegt was in der Luft
Predigten und Gebete
183 S., geb., ISBN 978-3-86893-171-6

Hans-Martin Gutmann
Mit den Toten leben
eine evangelische Perspektive
271 S., kart., ISBN 978-3-86893-086-3

Hans-Martin Gutmann, Alexander Höner, Swantje Luthe (Hrsg.)
Poesie, Prophetie, Power. Dorothee Sölle – die bleibende Provokation
Predigten und Gebete
324 S., kart., ISBN 978-3-86893-117-4

Hans-Martin Gutmann
Protestantismus und die Liebe zum Leben
160 S., kart., ISBN 978-3-86893-383-3

Weitere interessante Titel finden Sie unter:

WWW·EBVERLAG·DE

EBVERLAG DR. BRANDT

WWW.EBVERLAG.DE

Rainer Kuhl
Jägerstraße 47
13595 Berlin

Tel.: 030 | 68977233
Fax: 030 | 91607774
E-Mail: post@ebverlag.de